心一堂術數古籍珍本叢刊

書名：馬泰青增釋蔣大鴻《挨星真詮》
系列：心一堂術數古籍珍本叢刊　堪輿類　第三輯　346
作者：【清】蔣大鴻 授　【清】馬泰青 增釋
主編、責任編輯：陳劍聰
心一堂術數古籍珍本叢刊編校小組：陳劍聰　素聞　鄒偉才　虛白盧主　丁鑫華

出版：心一堂有限公司
通訊地址：香港九龍旺角彌敦道六一〇號荷李活商業中心十八樓〇五－〇六室
深港讀者服務中心・中國深圳市羅湖區立新路六號羅湖商業大廈負一層〇〇八室
電話號碼：(852)9027-7110
網址：publish.sunyata.cc
電郵：sunyatabook@gmail.com
網店：http://book.sunyata.cc
淘寶店地址：https://sunyata.taobao.com
微店地址：https://weidian.com/s/1212826297
臉書：https://www.facebook.com/sunyatabook
讀者論壇：http://bbs.sunyata.cc/

版次：二零二二年三月初版
平裝

定價：港幣　二百八十八元正
　　　新台幣　一仟一百九十元正

國際書號：ISBN 978-988-8582-93-8

香港發行：香港聯合書刊物流有限公司
地址：香港新界荃灣德士古道二二〇－二四八號荃灣工業中心十六樓
電話號碼：(852)2150-2100
傳真號碼：(852)2407-3062
電郵：info@suplogistics.com.hk
網址：http://www.suplogistics.com.hk

台灣發行：秀威資訊科技股份有限公司
地址：台灣台北市內湖區瑞光路七十六巷六十五號一樓
電話號碼：+886-2-2796-3638
傳真號碼：+886-2-2796-1377
網絡書店：www.bodbooks.com.tw
台灣秀威書店讀者服務中心：
地址：台灣台北市中山區松江路二〇九號一樓
電話號碼：+886-2-2518-0207
傳真號碼：+886-2-2518-0778
網絡書店：http://www.govbooks.com.tw

中國大陸發行　零售：深圳心一堂文化傳播有限公司
深圳地址：深圳市羅湖區立新路六號羅湖商業大廈負一層〇〇八室
電話號碼：(86)0755-82224934

心一堂微店二維碼

心一堂淘寶店二維碼

心一堂術數古籍 珍本叢刊 總序
整理

術數定義

術數，大概可謂以「推算（推演）、預測人（個人、群體、國家等）、事、物、自然現象、時間、空間方位等規律及氣數，並或通過種種『方術』，從而達致趨吉避凶或某種特定目的」之知識體系和方法。

術數類別

我國術數的內容類別，歷代不盡相同，例如《漢書・藝文志》中載，漢代術數有六類：天文、曆譜、五行、蓍龜、雜占、形法。至清代《四庫全書》，術數類則有：數學、占候、相宅相墓、占卜、命書、相書、陰陽五行、雜技術等，其他如《後漢書・方術部》、《藝文類聚・方術部》、《太平御覽・方術部》等，對於術數的分類，皆有差異。古代多把天文、曆譜、及部分數學均歸入術數類，而民間流行亦視傳統醫學作為術數的一環；此外，有些術數與宗教中的方術亦往往難以分開。現代民間則常將各種術數歸納為五大類別：命、卜、相、醫、山，通稱「五術」。

本叢刊在《四庫全書》的分類基礎上，將術數分為九大類別：占筮、星命、相術、堪輿、選擇、三式、讖諱、理數（陰陽五行）、雜術（其他）。而未收天文、曆譜、算術、宗教方術、醫學。

術數思想與發展——從術到學，乃至合道

我國術數是由上古的占星、卜筮、形法等術發展下來的。其中卜筮之術，是歷經夏商周三代而通過「龜卜、蓍筮」得出卜（筮）辭的一種預測（吉凶成敗）術，之後歸納並結集成書，此即現傳之《易

經》。經過春秋戰國至秦漢之際，受到當時諸子百家的影響、儒家的推崇，遂有《易傳》等的出現，原本是卜筮術書的《易經》，被提升及解讀成有包涵「天地之道（理）」之學。因此，《易・繫辭傳》曰：「易與天地準，故能彌綸天地之道。」

漢代以後，易學中的陰陽學說，與五行、九宮、干支、氣運、災變、律曆、卦氣、讖緯、天人感應說等相結合，形成易學中象數系統。而其他原與《易經》本來沒有關係的術數，如占星、形法、選擇，亦漸漸以易理（象數學說）為依歸。《四庫全書・易類小序》云：「術數之興，多在秦漢以後。要其旨，不出乎陰陽五行，生尅制化。實皆《易》之支派，傳以雜說耳。」至此，術數可謂已由「術」發展成「學」。

及至宋代，術數理論與理學中的河圖洛書、太極圖、邵雍先天之學及皇極經世等學說給合，通過術數以演繹理學中「天地中有一太極，萬物中各有一太極」（《朱子語類》）的思想。術數理論不單已發展至十分成熟，而且也從其學理中衍生一些新的方法或理論，如《梅花易數》、《河洛理數》等。

在傳統上，術數功能往往不止於僅僅作為趨吉避凶的方術，及「能彌綸天地之道」的學問，亦有其「修心養性」的功能，「與道合一」（修道）的內涵。《素問・上古天真論》：「上古之人，其知道者，法於陰陽，和於術數。」數之意義，不單是外在的算數、歷數、氣數，而是與理學中同等的「道」、「理」--心性的功能，北宋理氣家邵雍對此多有發揮：「聖人之心，是亦數也」、「萬化萬事生乎心」、「心為太極」。《觀物外篇》：「先天之學，心法也。……蓋天地萬物之理，盡在其中矣，心一而不分，則能應萬物。」反過來說，宋代的術數理論，受到當時理學、佛道及宋易影響，認為心性本質上是等同天地之太極。天地萬物氣數規律，能通過內觀自心而有所感知，即是內心也已具備有術數的推演及預測、感知能力；相傳是邵雍所創之《梅花易數》，便是在這樣的背景下誕生。

《易・文言傳》已有「積善之家，必有餘慶；積不善之家，必有餘殃」之說，至漢代流行的災變說及讖緯說，我國數千年來都認為天災，異常天象（自然現象），皆與一國或一地的施政者失德有關；下至家族、個人之盛衰，也都與一族一人之德行修養有關。因此，我國術數中除了吉凶盛衰理數之外，人心的德行修養，也是趨吉避凶的一個關鍵因素。

術數與宗教、修道

在這種思想之下，我國術數不單只是附屬於巫術或宗教行為的方術，又往往是一種宗教的修煉手段--通過術數，以知陰陽，乃至合陰陽（道）。「其知道者，法於陰陽，和於術數。」例如，「奇門遁甲」術中，即分為「術奇門」與「法奇門」兩大類。「法奇門」中有大量道教中符籙、手印、存想、內煉的內容，是道教內丹外法的一種重要外法修煉體系。甚至在雷法一系的修煉上，亦大量應用了術數內容。此外，相術、堪輿術中也有修煉望氣（氣的形狀、顏色）的方法；堪輿家除了選擇陰陽宅之吉凶外，也有道教中選擇適合修道環境（法、財、侶、地中的地）的方法，以至通過堪輿術觀察天地山川陰陽之氣，亦成為領悟陰陽金丹大道的一途。

易學體系以外的術數與的少數民族的術數

我國術數中，也有不用或不全用易理作為其理論依據的，如揚雄的《太玄》、司馬光的《潛虛》。也有一些占卜法、雜術不屬於《易經》系統，不過對後世影響較少而已。

外來宗教及少數民族中也有不少雖受漢文化影響（如陰陽、五行、二十八宿等學說。）但仍自成系統的術數，如古代的西夏、突厥、吐魯番等占卜及星占術，藏族中有多種藏傳佛教占卜術、苯教占卜術、擇吉術、推命術、相術等；北方少數民族有薩滿教占卜術；不少少數民族如水族、白族、布朗族、佤族、彝族、苗族等，皆有占雞（卦）草卜、雞蛋卜等術，納西族的占星術、占卜術，彝族畢摩的推命術、占卜術……等等，都是屬於《易經》體系以外的術數。相對上，外國傳入的術數以及其理論，對我國術數影響更大。

曆法、推步術與外來術數的影響

我國的術數與曆法的關係非常緊密。早期的術數中，很多是利用星宿或星宿組合的位置（如某星在某州或某宮某度）付予某種吉凶意義，并據之以推演，例如歲星（木星）、月將（某月太陽所躔之宮次）等。不過，由於不同的古代曆法推步的誤差及歲差的問題，若干年後，其術數所用之星辰的位置，已與真實星辰的位置不一樣了；此如歲星（木星），早期的曆法及術數以十二年為一周期（以應地支），與木星真實周期十一點八六年，每幾十年便錯一宮。後來術家又設一「太歲」的假想星體來解決，是歲星運行的相反，週期亦剛好是十二年。而術數中的神煞，很多即是根據太歲的位置而定。又如六壬術中的「月將」，原是立春節氣後太陽躔娵訾之次而稱作「登明亥將」，至宋代，因歲差的關係，要到雨水節氣後太陽才躔娵訾之次，當時沈括提出了修正，但明清時六壬術中「月將」仍然沿用宋代沈括修正的起法沒有再修正。

由於以真實星象周期的推步術是非常繁複，而且古代星象推步術本身亦有不少誤差，大多數術數除依曆書保留了太陽（節氣）、太陰（月相）的簡單宮次計算外，漸漸形成根據干支、日月等的各自起例，以起出其他具有不同含義的眾多假想星象及神煞系統。唐宋以後，我國絕大部分術數都主要沿用這一系統，也出現了不少完全脫離真實星象的術數，如《子平術》、《紫微斗數》、《鐵版神數》等。後來就連一些利用真實星辰位置的術數，如《七政四餘術》及選擇法中的《天星選擇》，也已與假想星象及神煞混合而使用了。

隨着古代外國曆（推步）、術數的傳入，如唐代傳入的印度曆法及術數，元代傳入的回回曆等，其中我國占星術便吸收了印度占星術中羅睺星、計都星等而形成四餘星，又通過阿拉伯占星術而吸收了其中來自希臘、巴比倫占星術的黃道十二宮、四大（四元素）學說（地、水、火、風），並與我國傳統的二十八宿、五行說、神煞系統並存而形成《七政四餘術》。此外，一些術數中的北斗星名，不用我國傳統的星名：天樞、天璇、天璣、天權、玉衡、開陽、搖光，而是使用來自印度梵文所譯的：貪狼、巨門、祿存、文曲，廉貞、武曲、破軍等，此明顯是受到唐代從印度傳入的曆法及占星術所影響。如星命術中的《紫微斗數》及堪輿術中的《撼龍經》等文獻中，其星皆用印度譯名。及至清初《時憲曆》，置閏之法則改用西法「定氣」。清代以後的術數，又作過不少的調整。

此外，我國相術中的面相術、手相術，唐宋之際受印度相術影響頗大，至民國初年，又通過翻譯歐西、日本的相術書籍而大量吸收歐西相術的內容，形成了現代我國坊間流行的新式相術。

陰陽學——術數在古代、官方管理及外國的影響

術數在古代社會中一直扮演着一個非常重要的角色，影響層面不單只是某一階層、某一職業、某一年齡的人，而是上自帝王，下至普通百姓，從出生到死亡，不論是生活上的小事如洗髮、出行等，大事如建房、入伙、出兵等，從個人、家族以至國家，從天文、氣象、地理到人事、軍事，從民俗、學術到宗教，都離不開術數的應用。我國最晚在唐代開始，已把以上術數之學，稱作陰陽（學），行術數者稱陰陽人。（敦煌文書、斯四三二七唐《師師漫語話》：「以下說陰陽人謾語話」，此說法後來傳入日本，今日本人稱行術數者為「陰陽師」）。一直到了清末，欽天監中負責陰陽術數的官員中，以及民間術數之士，仍名陰陽生。

古代政府的中欽天監（司天監），除了負責天文、曆法、輿地之外，亦精通其他如星占、選擇、堪輿等術數，除在皇室人員及朝庭中應用外，也定期頒行日書、修定術數，使民間對於天文、日曆用事吉凶及使用其他術數時，有所依從。

我國古代政府對官方及民間陰陽學及陰陽官員，從其內容、人員的選拔、培訓、認證、考核、律法監管等，都有制度。至明清兩代，其制度更為完善、嚴格。

宋代官學之中，課程中已有陰陽學及其考試的內容。（宋徽宗崇寧三年〔一一零四年〕崇寧算學令：「諸學生習……並曆算、三式、天文書。」「諸試……三式即射覆及預占三日陰陽風雨。天文即預

定一月或一季分野災祥，並以依經備草合問為通。」

金代司天臺，從民間「草澤人」（即民間習術數人士）考試選拔：「其試之制，以《宣明曆》試推步，及《婚書》、《地理新書》試合婚、安葬，並《易》筮法，六壬課、三命、五星之術。」（《金史》卷五十一・志第三十二・選舉一）

元代為進一步加強官方陰陽學對民間的影響、管理、控制及培育，除沿襲宋代、金代在司天監掌管陰陽學及中央的官學陰陽學課程之外，更在地方上增設陰陽學課程（《元史・選舉志一》：「世祖至元二十八年夏六月始置諸路陰陽學。」）地方上也設陰陽學教授員，培育及管轄地方陰陽人。（《元史・選舉志一》：「（元仁宗）延祐初，令陰陽人依儒醫例，於路、府、州設教授員，凡陰陽人皆管轄之，而上屬於太史焉。」）自此，民間的陰陽術士（陰陽人），被納入官方的管轄之下。

至明清兩代，陰陽學制度更為完善。中央欽天監掌管陰陽學，明代地方縣設陰陽學正術，各州設陰陽學典術，各縣設陰陽學訓術。陰陽人從地方陰陽學肆業或被選拔出來後，再送到欽天監考試。（《大明會典》卷二二三：「凡天下府州縣舉到陰陽人堪任正術等官者，俱從吏部送（欽天監），考中，送回選用；不中者發回原籍為民，原保官吏治罪。」）清代大致沿用明制，凡陰陽術數之流，悉歸中央欽天監及地方陰陽官員管理、培訓、認證。至今尚有「紹興府陰陽印」、「東光縣陰陽學記」等明代銅印，及某某縣某某之清代陰陽執照等傳世。

清代欽天監漏刻科對官員要求甚為嚴格。《大清會典》「國子監」規定：「凡算學之教，設肄業生。滿洲十有二人，蒙古、漢軍各六人，於各旗官學內考取。漢十有二人，於舉人、貢監生童內考取。附學生二十四人，由欽天監選送。教以天文演算法諸書，五年學業有成，舉人引見以欽天監博士用，貢監生童以天文生補用。」學生在官學肄業、貢監生肄業或考得舉人後，經過了五年對天文、算法、陰陽學的學習，其中精通陰陽術數者，會送往漏刻科。而在欽天監供職的官員，《大清會典則例》「欽天監」規定：「本監官生三年考核一次，術業精通者，保題升用。不及者，停其升轉，再加學習。如能黽勉供職，即予開復。仍不及者，降職一等，再令學習三年，能習熟者，准予開復，仍不能者，黜退。」除定期考核以定其升用降職外，《大清律例》中對陰陽術士不準確的推斷（妄言禍福）是要治罪的。《大清律例・一七八・術七・妄言禍福》：「凡陰陽術士，不許於大小文武官員之家妄言禍福，違者杖一百。其依經推算星命卜課，不在禁限。」大小文武官員延請的陰陽術士，自然是以欽天監漏刻科官員或地方陰陽官員為主。

官方陰陽學制度也影響鄰國如朝鮮、日本、越南等地，一直到了民國時期，鄰國仍然沿用着我國的多種術數。而我國的漢族術數，在古代甚至影響遍及西夏、突厥、吐蕃、阿拉伯、印度、東南亞諸國。

術數研究

術數在我國古代社會雖然影響深遠，「是傳統中國理念中的一門科學，從傳統的陰陽、五行、九宮、八卦、河圖、洛書等觀念作大自然的研究。……傳統中國的天文學、數學、煉丹術等，要到上世紀中葉始受世界學者肯定。可是，術數還未受到應得的注意。術數在傳統中國科技史、思想史，文化史、社會史，甚至軍事史都有一定的影響。……更進一步了解術數，我們將更能了解中國歷史的全貌。」（何丙郁《術數、天文與醫學中國科技史的新視野》，香港城市大學中國文化中心。）

可是術數至今一直不受正統學界所重視，加上術家藏秘自珍，又揚言天機不可洩漏，「（術數）乃吾國科學與哲學融貫而成一種學說，數千年來傳衍嬗變，或隱或現，全賴一二有心人為之繼續維繫，賴以不絕，其中確有學術上研究之價值，非徒癡人說夢，荒誕不經之謂也。其所以至今不能在科學中成立一種地位者，實有數因。蓋古代士大夫階級目醫卜星相為九流之學，多恥道之；而發明諸大師又故為惝恍迷離之辭，以待後人探索；間有一二賢者有所發明，亦秘莫如深，既恐洩天地之秘，復恐譏為旁門左道，始終不肯公開研究，成立一有系統說明之書籍，貽之後世。故居今日而欲研究此種學術，實一極困難之事。」（民國徐樂吾《子平真詮評註》，方重審序）

現存的術數古籍，除極少數是唐、宋、元的版本外，絕大多數是明、清兩代的版本。其內容也主要是明、清兩代流行的術數，唐宋或以前的術數及其書籍，大部分均已失傳，只能從史料記載、出土文獻、敦煌遺書中稍窺一鱗半爪。

術數版本

坊間術數古籍版本，大多是晚清書坊之翻刻本及民國書賈之重排本，其中豕亥魚魯，或任意增刪，往往文意全非，以至不能卒讀。現今不論是術數愛好者，還是民俗、史學、社會、文化、版本等學術研究者，要想得一常見術數書籍的善本、原版，已經非常困難，更遑論如稿本、鈔本、孤本等珍稀版本。在文獻不足及缺乏善本的情況下，要想對術數的源流、理法、及其影響，作全面深入的研究，幾不可能。

有見及此，本叢刊編校小組經多年努力及多方協助，在海內外搜羅了二十世紀六十年代以前漢文為主的術數類善本、珍本、鈔本、孤本、稿本、批校本等數百種，精選出其中最佳版本，分別輯入兩個系列：

一、心一堂術數古籍珍本叢刊

二、心一堂術數古籍整理叢刊

前者以最新數碼（數位）技術清理、修復珍本原本的版面，更正明顯的錯訛，部分善本更以原色彩色精印，務求更勝原本。并以每百多種珍本、一百二十冊為一輯，分輯出版，以饗讀者。

後者延請、稿約有關專家、學者，以善本、珍本等作底本，參以其他版本，古籍進行審定、校勘、注釋，務求打造一最善版本，方便現代人閱讀、理解、研究等之用。

限於編校小組的水平，版本選擇及考證、文字修正、提要內容等方面，恐有疏漏及舛誤之處，懇請方家不吝指正。

心一堂術數古籍 珍本 整理 叢刊編校小組

二零零九年七月序

二零一四年九月第三次修訂

序

形勢理氣之因如魂之附魄影之隨身無此則無彼有此則有彼乃一而二二而一者也夫陰陽二宅未立之先形勢理氣無所用之本無極也既立之後有形勢可據有理氣可憑是太極也有太極即有坐向待對是太極生兩儀也即有前後左右是兩儀生四象也有四正四隅是四象生八卦也即有八方之砂水門路得運失

運是八卦定吉凶也人事之否泰因之是吉凶生大業也形勢旣分陰陽二宅其理氣終歸於一但陽宅之內外六事各有所宜較陰宅尤為繁鎖耳陰宅以龍穴砂水為形勢為體用陽宅以來龍為結局護砂水口則與陰宅無殊惟內有房牀門窗香火廚竈井碓坑厠外有街衢道路樓閣屋脊橋梁溝渠池塘之類如在城市之中難辨來龍而傍街道以立宅如就水成局之

法須無護砂、而鄰近之樓閣屋脊為嶠星、如有護砂峰巒之法、須無水口、而本宅之大門為內水口、街市之三叉十字總路為外水口、如看山谷水口之法、得其氣運則宅旺人興、失其氣運則宅衰人敗、歷徵既往、無不皆然、世人祗知三合八宅為人用之、吉如是、凶亦如是、千家一律、其人事之各別、毫無可憑、實不知元運為之主宰、吉凶因之以分、無識者轉執三合八宅以議

三元九星謂八宅以東西配命三合以庫成局
此法一定千載不移倘三元之盛衰有改九星
之循環無窮則人之墓宅亦將轉徙不寧陡闢
其言似覺彼之理伸此之理絀殊不知三元九
星根乎天運如天時有四季之代謝寒暑之往
來天時所降地上之榮枯應焉乃一歲之事也
而三元九星者順序以行乎天地之間吉氣潛
來受之不覺凶氣瞶至避之無由乃一百八十

年之事，世人不詑一歲之往來，何以有寒暑，而詑一百八十年之循環，不當有盛衰，其智愚豈待辨而後判焉耶，且古人立法以福人者，非禍人也，以其至靈，故管郭以來，不輕傳於世，彼三合創自一行，八宅造乎呂才，屢經解人斥駁，而孤陋者行之不疑，初亦惑於其說，繼得趙湘帆先生祕本，又得李程萬先生祕傳，始晤向者學謬，一卷專言陽宅，河圖為體，洛書為用，河圖以五行分層間五子、又以運判吉凶、而以洛書九運參之、一卷兼陰陽二宅、以言挨星趨吉避凶之法、神化無窮、惜黃注尚多掛漏、後學難以尋求、余不自揣、謹以師言而增釋之、別而為二、名曰陽宅真詮、挨星真詮、均作兩卷、上卷釋文、下卷圖說、然陽宅真詮、尚可公之於世、而挨星真詮則有可奪造化之權、經注釋必待其人而後授之、須迴非乾坤法竅、風水一書、地理正宗地

理辨正疏等書之挨星可比所以既釋之圖之而又備敘之者欲去偽存真使後來之楊曾之衣鉢尚在人間云爾

龍眠布衣敘

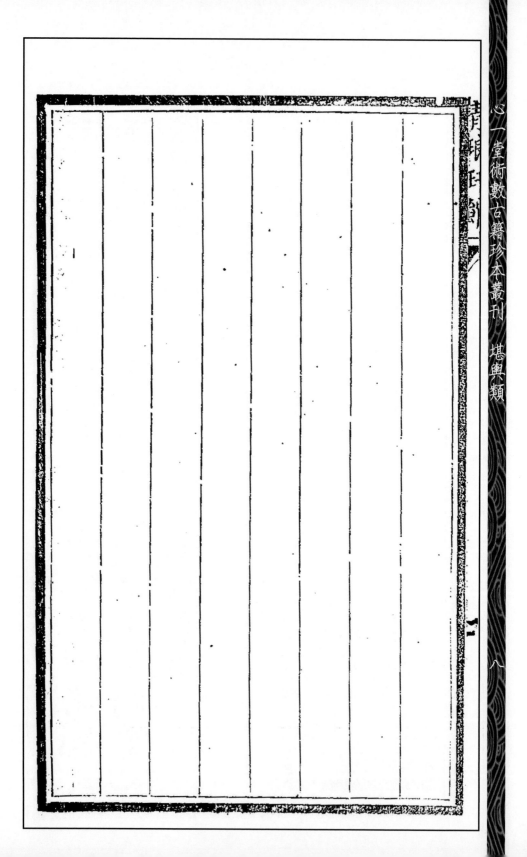

挨星真詮

大鴻蔣平階授　東川黃其龍注釋
道生楊文言藏　泰清馬清鷴增釋

四一同宮。準發科名之顯。

東川曰、四綠即文星、其本宮在巽、其一白即魁星、其本宮在坎、局星、山星、運星、年星或二星三星或四星、同會於一處也

七九合位。常興回祿之災。

東川曰、九紫後天火星也、七赤先天火數也、九紫之本宮在離、七赤之先天亦在離、二星同會於一方、其方不可動作、如有屋脊山峯錐塔在前後左右、遇此二星同會之、即為合位定主火災

二五交加而損主。抑且重病。

東川曰、二黑陰慘之土、其本宮在坤、五黃燥烈之土、位居中央、五宮不拘臨門到向、房牀

竅口。凡兩星交加之處必有禍殃

三七迭臨而刼盜更見官災。

東川曰三碧祿存之木其本宮在震七赤破軍之金其本宮在兌以金尅木而為刼盜木為金尅而為官災均以九星之性而決生尅吉凶所主之事也

增釋曰同宮合位交加迭臨皆是會於一方之謂也九宮洛書千年不易之位謂之本宮

局山入中飛佈八方亦永遠不易者謂之飛宮九運之星入中飛佈八方一運一移宮謂之運星乃二十年一換運者也是謂之天星一卦即以向上所見之星入中依陰陽順逆飛佈謂之挨星則同宮合位交加迭臨是四層之星與年月相會於一方吉凶立見卦有八星有九而此八句為一篇之綱領祇言七星不及乾坤卦中六白八白兩星後却五段

分敘申明乾武曲艮左輔六八宮星之用學者細心玩之自解

一白為魁星之慶。牙笏文章。四綠號文曲之祥。天輔太乙還宮伏位為佳。交互疊逢尤美。

東川曰伏位者八方不動還宮者飛還本宮交互者文加魁魁遇文疊逢者魁加魁文遇文也

增釋曰伏位者局山四到四一到一也還宮

者運星到局山之四到四一到一也交互者一到四四到一也叠逢者山之四一與運之四一會而年月之四一又到方也或在龍或在局或在山或在向或在層間或在文峰或在水口與嶠星或在街衢橋梁或在門衍房牀井竈不拘第宅旅館但得相逢無不應驗凡得訣者切不可輕為人用葢科第者天之所以報施善人也考古人已往之事有廣行

善事之家天必與之以鼎甲若作損喪陰隲之事天必奪其科第古今來所見非一、今之挾秘訣者不問其祖父善惡何如輒為之作用是逆天賞罰之權而妄貪酬則過不在人而在自身矣可不慎歟且是訣不能不傳而又不可濫傳故不得不再三叮囑也以下歷舉其同宮之所在

故三九九六六三。惟乾六白。離九紫。震三碧。攀

龍有慶而六九三之間亦可蜚聲
增釋曰三九局運一四會於乾宮九六局運
一四會於離宮六三局運一四會於震宮故
攀龍有慶可知龍會於乾則乾間利會於離
則離間利會於震則震間利故亦可蜚聲
一七七四四一但艮八白坤二黑中五黃附鳳
呈祥而八二五之房均堪振羽
增釋曰一七局運四一會於艮宮七四局運

四一會於坤宮四一局運四一會於中宮故附鳳呈祥艮局利八白之房亦利坤局利二黑之房亦利中五局利中五之房亦利均堪振羽

八二二五五八在兑七亦巽四綠坎一白登雲足賀而七四一之屋俱足題名

增釋曰八二局運一四會於兑宮二五局運一四會於巽宮五八局運一四會於坎宮故

登雲足賀其七四一之屋與前二節義同亦俱足題名不特局與間也内而門窗牀竈井碓外而樓橋街路河梁有四一臨之皆可為科名之助

遇殺退而無嫌逢生旺而益利

增釋曰此總承上三節而言倘四一為局運退氣煞氣而應試遇四一同宮則與別之退煞氣不同仍主科第若為生旺之氣則更吉

利矣

非特局與運可以叅觀抑且年與月尤該並論

運若雙逢分大小水如交會辨三元

增釋曰此節言非但局運之為重而流年與元運尤宜叅看統運六十年為大運專運二十年為小運每歲有入中宮之星為年星每月有入中宮之星為月星究以局山合大運及小運為主分大小也其年星月星以

為應驗之期及脩補造作趨吉避凶之法耳
但屋宅以局方為主而層間以圖運為君
增釋曰屋宅以洛書定九局分八方而層間
則必以河圖論五行辨三元二者並用不悖
常見坤局兌流左輔運臨而科名獨盛艮山兌
水巨門運至而甲第流芳
東川曰坤局二黑入中四綠文昌到兌八運
八白入中一白魁星到兌又艮山八白入中

一白魁星到兌、二運二黑入中、四綠文昌到兌、故均發科甲也、如遇此運、即用此山、或此局、作用之妙、秘之秘之、不可輕易洩露也

下元、癸卯、坎局之中宮發科、歲在壬寅、兌上之六間入泮

東川曰、坎局一白入中、癸卯四綠入中、六間水也、壬寅、一白至坎、小運四綠亦在坎也

增釋曰、此皆下元八白運內、故將此法決斷

故白衣求官秀才應舉催之各有其法而下寮望陞廢官思起興之亦異其方

增釋曰求官與應舉不同是以催之各有不同望陞與起廢有異是以興之亦各有異

第以煞旺須求生旺或小堆大塔龍局旺方加吉而制煞不如化煞或鐘樓臺閣局山生位施工

增釋曰自一白為魁星之慶起至此止皆申

閗四一同宮之義而又傍及求官陞官起廢三者其應舉則一即前科第之法其求官望陞者當於旺方修治助其本山旺氣官可得陞亦可必矣其廢官所以廢者必局山煞方有煞故也煞制之不如化之為善如火來尅金則制之必用水以水能尅火而水從金生未免耗損金氣惟化之之法則化是用土以土生金其火轉去生土不來尅金此之謂局

山生位施工也其扶救制化之法具有回天
之力

煞或鐘樓臺閣居山生位施工。

增釋曰、自一白為魁星之處起、至此止、皆申明四一同宮之義、而又傍及本宮、從宮、起發三者。其並舉則一路而科第之法。其本宮從從者、貴於旺方脩治、助其本山旺氣。宮方得從、與宮必先其發宮、所以發者、必居山發方有煞故也。然制之不如化之為善。如火來尅金、則制之必用水。須水能尅火、而水從金生、未免損耗金氣。惟化之之法、則化是用土、以土生金、其火之轉去生土、不來尅金、此之謂居山生位施工也。其扶救制化之法、具有回天之力。

若夫七赤為先天火數九紫為後天火星旺宮單遇動乃為災煞處重
靜亦施燔或與廉貞疊至又見都天並臨無分動靜火患爲殃
東川曰廉貞五黃太歲也都天戊己土煞也
增釋曰七赤九紫相会於旺方倘脩造者犯之必主火災若七赤九紫
相会於旺方未嘗犯之而其方有山峰亭塔雖不脩造而火患之災
亦難免再遇五黃都天戊己臨之亦主瘟火相尋甚驗
故戌亥方之水路宜開不宜閉閉之者登時飛禍右弼宮之池井
可鑿不可填填之隨手生嗔

黃註曰戌亥乾方也乾為天門宜於開通右衞離方也得水為上或九紫之位

增釋曰艮方有小屋或小门主怪異艮為鬼门故也交煞運甚驗附記

廟宇刷红在一白煞方尚主瘟火樓台尖聳當七赤旺地豈免炎災建鐘樓於煞方不待元帶常格火災造雞塔於火宮萬室灰燼

增釋曰煞之為害雖一白坎水當其為煞之時因红色亦為瘟火況七赤九紫樓台雞塔皆是火形焉得不與火星相助為虐

中元庚子須知生旺難拘若逢紫赤到五之年必熾五黃主病癸方煞

方庚子歲逢畫樓浩劫中元庚子而坎艮局局廬舍燬惟坤之界宇倖
中元丙午乃中浣浣屋俱燒惟艮坎坎方皆免
康川曰中元庚子五黃運內甲午旬是也中元四綠入中九紫到坎七
赤到艮庚子又四入中也中元庚子吊四綠入中九紫到坎七赤到艮故燬一
白到坤故免丙午又吊七赤到中九紫到兌故燒一白到艮故倖
免也
據此明證可知趨避
康川曰我見上元丁亥巽乃灭方戊子泊臨建造高臺迨戊

子臨年而中宮火燬庚寅年月又戊子也九紫入中而中宮復燬
甚矣陰陽趨避之理不可詳知也
增釋曰此三節申明七九合位之句以教趨其吉而避其凶也
五黃關殺不拘臨門到間常損人口二黑病符守旛大小運流年多主
災病五黃主子婦受害黃遇黑宮時出寡婦二黑主宅母多憂黑
逢黃位出鰥夫運如已退廉貞卯五黃逢需喪亂一惟是避之乃
良運若未到則二黑到位病方淵必然避之始吉
增釋曰庄運入中二黑五黃飛到之方再遇流年月建二黑五

黃加臨則疾病死亡亞於損男損女則於卦論所屬斷之比一節申明二五爻加句之義

夫蚩尤則三碧好勇鬪狠之人而七赤即破軍肅殺劍鋒之象是以三遇七七遇三爻劍殺興多劫掠即如六到七七到六鬥牛殺氣動官刑七逢遇三到生財豈錢財多招盜三遇七臨多病誰知病從遭宮

增釋曰九星爻會各星所主吉凶不同如前節三五則主病疾死亡此節三七七三即是爻劍反吟六七七六皆是鬥牛穿心則主盜賊官司之類凶自為凶各有不同

運到何處穿心坐向遇星遇旺猶逢盜劫身旺不畏反吟但憂助神一氣遇羅宮非

增釋曰凡穿心反吟等名雖屬可畏亦須分別運之至與未至身之旺與不旺耳運至身旺則穿嫌助去則凶殺矣

若欲息訟弭盜何須局外搜求要識愈病延年全在星中討論

增釋曰示人以息訟弭盜愈病延年之訣祇在本局中求其方之生尅各星中審其氣之吉凶以扶助制化之則其患自解矣此三節申明三七迭臨二句並反吟七相遇之吉凶

更言武曲青龍喜会左輔善曜六八主武科發跡八六主文字參軍更宜異途擢甲旺生以一遇為恩死退則雙臨不利

增釋曰前言四一九七二五三七六七相会之吉凶此復補敘六八兩星相会乃武科術名之星与文科之星不同文以四一武以六八六白即是武曲八白即是左輔二星与一白魁星共為三白是九星最吉之星六白為武曲故主武場韜略參軍異途功名

九紫雖司喜慶然六会大而長主傷血症則九七之会亦称凶四綠固號文昌第八遇九而小口主損則八三之逢更惡八逢九紫应知喜慶重來

遇輔星可以恩榮不次如求雲路之通要在一四之中

增釋曰紫白固吉然九紫火剋六白金主長房血症再遇七赤交戰為鬥牛穿心惡煞是以稱凶八為艮土為少男三四為震巽木剋土故損小口八九火土相生六八土金相生故皆吉一四為魁星文昌相遇以求科第百無一失真妙訣也此節与後節詳明山宮運者山挨加生剋制化之理吉凶隨之而應驗如神

若祈嗣續惟取生神加紫白更論帑藏尤宜旺氣在飛星二黑飛乾逢八白財源大進遇九紫而爲麟斯蟄之三碧臨巽遇一白丁口驟增又二黑而

青蚨關〻先相丁以旺財於中可辨先發財後發丁其理宜詳

增釋曰此蓋指坎運乾宅而言二黑坤加乾生乾金八白艮土又助之進財九紫離火來生土以生金故主宜男至若三碧臨巽又指巽宅坤運而言三碧震木臨巽木比旺相助一白到來生之故主添丁二黑坤土為木之財故得青蚨言趾遠而知丁財之先後可謂和盤託出以上陰陽二宅並言

木間逢一白為生八白同臨而添丁不育火局逢木運招財戌亥飛來而宮坐火不免故遇殺一不可言煞宜亦煞化為鬼而逢

生不可言生尤忍恩星受制

增釋曰、此並河發層向而言、戌亥者、皆乾也、火層木運生之、皆乾金、又來尅木、與前之木向水生、而土來尅水、同一恩星受制也。至於化難為恩、如於木向金運遇一白、或水向土運遇六白、均是化難為恩、則轉凶成吉矣。以下專言陽宅。

但方曜配局配山更配層星乃善、間裡合山合層、尤合方位為先。

增釋曰、方曜者、八方飛到之九星、宜與層向局山相配、方位者、九宮吉忌之方位、間星當合此乃吉、其局山層間之法、備載於前。

蓋在方論方原有星宮生尅之辨復配以山之生死局之生旺層之退煞如何而方勝之得失斯著其在間論間本是陰陽五行之別亦配以局之財官山之父子層之夫婦何如而間之制化始彰

增釋曰所謂父子財官夫婦與生旺退死煞也不過湊合句法以成對偶耳不可拘泥至於制化已見於前

故謂方者以局山層間同然究其得運失運而吉凶迥絕論間者以元運年星疊叅徵其生氣死氣而休咎判途

增釋曰：此言向山層間攢起生旺，仍以大運小運定吉凶，仍年星加臨定休咎。

如八卦之乾山屬金，九星之二黑為土，雖星生宮之善，若入三層，則木來尅土，而財必若；入五層，則二土比和，而人貴；若逢子曜加木土之元，斯得運而丁財並茂，兼主科名。

增釋曰：乾山得二黑運，土能生金，固吉；若居三層，層受山尅，運受層尅，吉反為凶；若居五層，則層與運二土相比，則金吉；再遇一白坎也，子曜即六白金生之水，河元又遇木土，則丁財並茂。

一白為魁星而科名亦因之偶遂然

如河圖之四層為金洛書之四係為木係圖魁書之屬若入兌方則文昌破軍而出孤若入坤局則土重埋金而主寡若以四層臨坎震之鄉斯有氣而科名特盛亦增丁口

增釋曰四係雖為文昌而所臨非地者亦不全坎為一白水故四層臨之為四一同宮震為三碧木故四係臨之為木得旺地既發科名又增丁口此節言科名丁口者有所偏詳指明宜察書局洛運並祕河洛圖書文互參斷之法以示後學可謂傾囊倒篋矣

局為體、山為用、山為體、運為用、體用一元天地氣、山為君、局為臣、局為君、向為臣、君臣合德鬼神驚。

增釋曰、局一定不移、故為體、山則隨所向而立在小、故為用、如水在南為坎局、或向東而為兑山、向北而為離山、則非一元、倘向離而為坎山、則山與局同為一元、山向既立、亦定而不移、故又為體、運則隨時而換、故為用、倘局如是、山如是、運如是、其體用皆在一元、而得天地之氣、有山如有局、是以為君、而局為臣、有局乃有向、故局又為君、向為臣、倘局得山之生旺、向得運之生旺、即是君臣合德、其與

也雖鬼神亦驚焉矣此言務用君臣在所先後輕重也
然局雖乘運而開煞亦來亦怕廉貞戊土同臨山若逢元而
死退方之惡煞尤憲太歲天罡并到

增釋曰此言河洛元運之外更有流年歲煞與凶方相會立主凶
禍五黃戊己二煞已見於前惟陽宅忌之尤甚雖吉宅五黃戊己到
門窗路灶及房床與八方屋脊尖角上皆主不利倘偕造遷改犯
之更凶陰地在向在山忌動土而太歲天罡到煞方陰地陽宅均
忌太歲即歲建如子年太歲子丑年太歲丑天罡即月建每

月戌時、指月建、子月指子、丑月指丑、卯斗柄天罡、如子方有煞、子年子月應之、丑方有煞、丑年丑月應之、又自得訣以考究之、如子方有煞、子年子月應之、午年午月沖動之、申辰年月三合之、亦應、如子年最重、申辰年若輕、又得所謂煞方、在元運當旺之方、而成低陷、在元運當衰低之方、而見高聳、而乃先天對待之真煞、依法斷之、萬無一失、

蓋吉凶原由星判、而隆替乃從運行、

增釋曰、九星各有性情、各有所主之事、吉有吉之事、凶有凶之

事知其星則知其事然九星得運者則有時而吉失運者則有時而凶所謂由星判從運分有彰往察來之妙故局運與屋運敗可從局斷其山運敗屋運興即從屋論

增釋曰局運與屋運不能皆同如局運是上元而屋之坐山是下元或局運是下元而屋之坐山是上元則局得運而興屋則失運而敗或屋得運而興局失運而敗故不能皆同山運與屋運亦不皆同如山運是下元而屋之門路合上元或山運是上元而屋之門路合下元則山敗屋興山興屋敗故亦不同局山屋間皆同論而

得運者故佳，其有不得運者，則宜參看，局得地氣為重，故從局斷，局得天氣為重，故從星論，

癸明星運之用，啟迪後來之賢。

增釋曰，河有河之星運，洛有洛之星運，前已分註於陽宅真詮中，茲再詳之，一六層間水，二七層間火，三八層間木，四九層間金，五十層間土，此河圖之星，乃部也，甲子十二年水運，丙子十二年火運，戊子十二年木，庚子十二年金，壬子十二年土，此河之運也，一切院牆門杆，凡前後有滴水簷層者，皆作一層算，左右有披廈者，

另算一運十數間兩頭各另立柱者屋上另行作脊者其間數則另行起算陽向一陽一陰往後數去陰向一層陰一層陽往後數去陽向一間陽一間陰從左往右數去陰向一間陰一間陽從右往左數去若廂屋則以廂屋之山向分陰陽間亦左右數此河洛之層間星運於是一白為坎水二黑為坤土三碧為震木四綠為巽木五黃為中土六白乾金七赤兌金八白艮土九紫為離火此洛之星也上元甲子六十年一白二黑三碧中元甲子六十年四綠五黃六白下元甲子

六十年七赤八白九紫每星各管六十年此洛之運也而洛書之層間所立山論陰陽間對左右數不從層數也但何山是何星即以山星起第一間陽山左數到右陰山右數到左層層皆是山星起一間不必九星相連貫也其扇屆即以屆之坐山分陰陽左右不必依正屆其行運即以定之前後左右適中處為中分佈九運之九星加臨處與坐山飛吊之九星地盤一定之七九宮參詳生尅再以值年值月之日星決之其效驗更密於河圖此洛書之層間星運如是趙湘

帆云宅星何運造或何運齊入局之即以此運為宅命又逢現交運加臨為生為尅以各星飛佈於門路、房牀、井灶、坑厠之上孰吉孰凶以决人之休咎試之頗驗故并記於此

圖說敘

挨星本字圖，在得訣者運之於掌上，以神其變化，故字圖特用其元妙秘之旨，除則不得訣者，遂造偽圖，轉相傳授，以掩其字訣之名，淺學不辨真偽，咸以居奇。後元空之圖，除述又添改，强圖惑世人，今余初十年足迹半天下，遇其知元空之人，全者不過一二人，其讀偽書者，指不勝屈，雅魏清江著陽宅大成，頗得真訣，字如師授，然真其言山順水逆，則以本運星入中用順飛九宮，水用逆飛九宮，以論與運之生剋，其山之順飛本是，其水之逆飛則非，彼實不知水何以逆飛之故，是將

水逆二字看錯陽宅〻龍山門路同用豈見其天氣地氣不分又回
一個宮一節語多錯亂而不改正但抄羅紫白賦原文為彼之向
替不言作用是清江上祇得半〻道也況近日之術士并不知元點
為何物但藉元空〻名以欺人余由是大懼真訣之相混因取訣文既
增釋之兼為圖說以與訣文相發明此二盤而有無也寔欺世之術
撰星圖者說真圖以從圖自廢於以救天下之斯孝子慈孫矣

馬清鶴記

先天對待流行圖

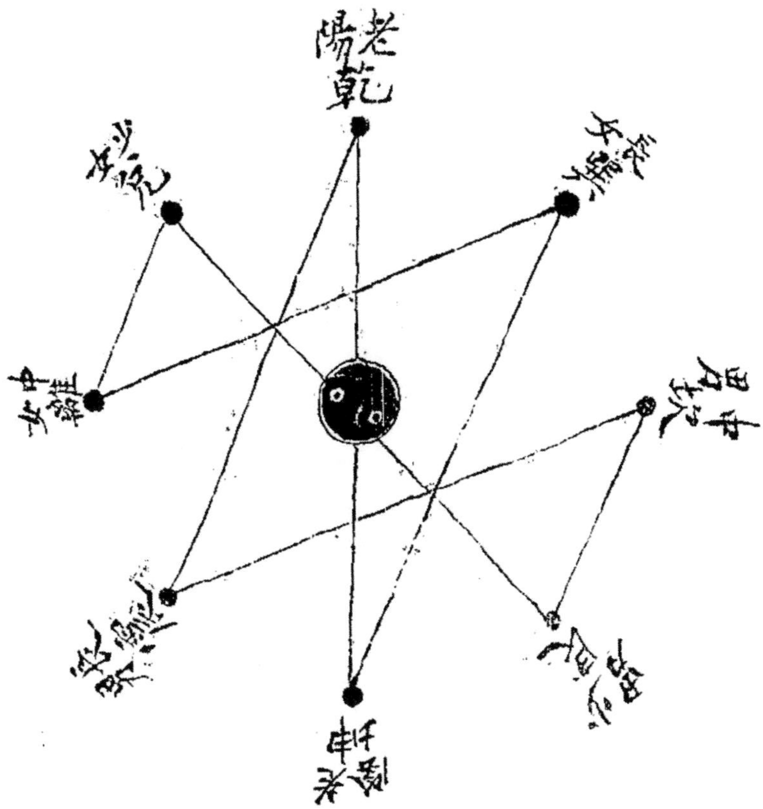

增釋曰先天後天相需為用世但知上元起坎一下中終離九星門後天為主而間及先天祇知其為對待殊不知山水交媾俱在先天圖內人特泥於舊說乾一兌二離三震四為陽左旋巽五坎六艮七坤八為陰右旋試以卦象考之則老陽與三男老陰與三女依訣而行與後天無異也坤與離兌豈非後天之一二三四乎乾震坎艮豈非後天之九八七六乎一順一逆相會於中央太極此內有山水順逆元運往來之妙此先天對待中真寓有流行者也

後天流行對待圖

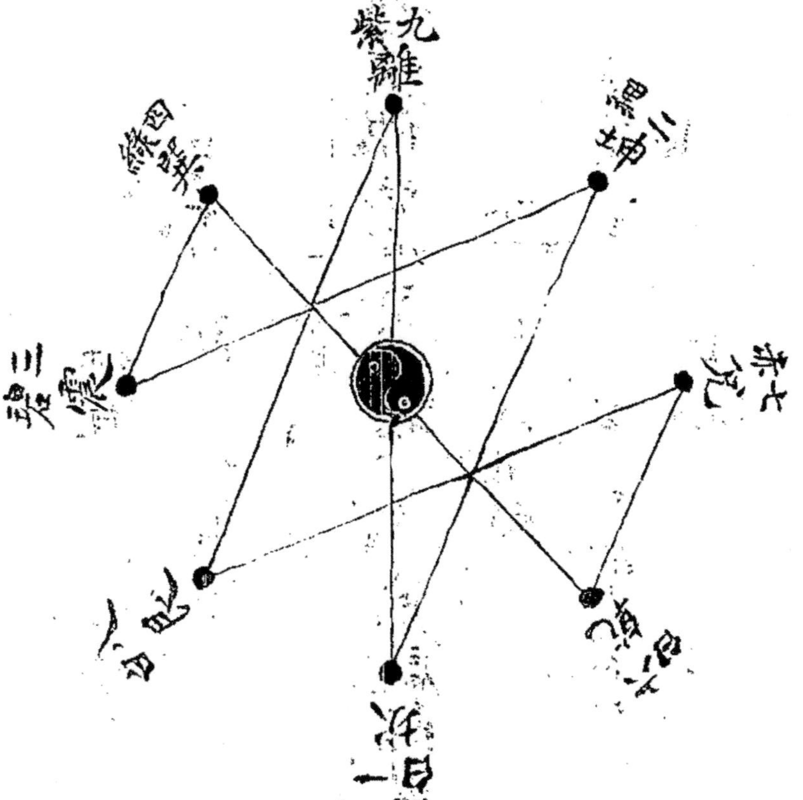

增釋曰三元九星雖順後天之方位而行其實一九合十、二八合十、三七合十、四六合十、以對待而合十、故龍水互看、訣云天元龍法定高女仲女南向望北夫、更有八郎朝二母、東鄰鎮日看西湖、地元何處覓佳壻、一望元中攝紫神、老母開箱私少子、大兒啟鍵出西金、祇金與佗人、先法四六交朝生意確、若然二八兩頭開、五郎從此投胎著、此言後天之卦位、隱合先天卦位、一絲不差、乃後天流行中之對待也、是以云先天後天相需爲用、錯綜變化、元妙無窮、

九運流行對待圖

山運順行九宮

水運逆行九宮

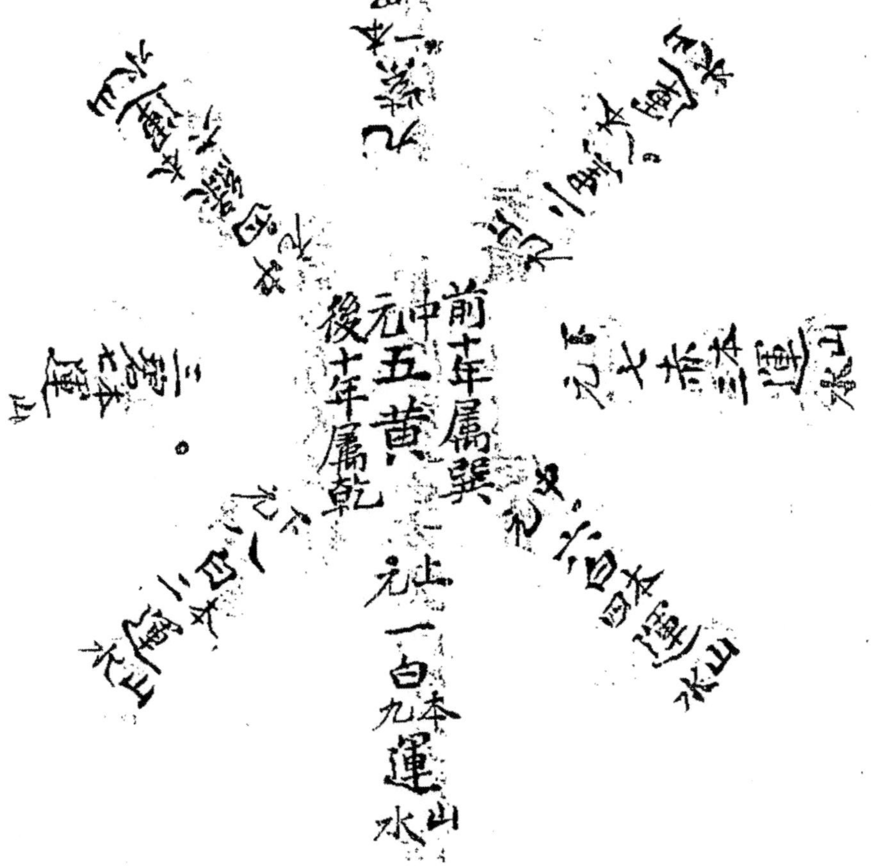

增釋曰先天對待者天氣也後天流行者地氣也何以見之如一白運內一白方宜來龍宜坐山宜砂高峯起交二黑運則二黑方宜來龍宜坐山宜砂高峯起九運皆然故言後天流行地氣也如一白運內九紫方宜門路宜向水宜水口滙聚交二黑運則八白方宜門路宜水口滙聚宜向水九運如之故言先天對待者天氣也地氣從實處來故龍山砂水皆實天氣從空處來門路向水皆虛地氣實來天氣從虛應之天氣虛來地氣自實處之流行對待之須臾之雖先天後天相需為用至此益明然世之等後者每運本運之方不拘龍穴砂水山峯門路水口

概謂之吉、殊不知龍局砂峯須吉、而门路大凶、此不知天氣之故也
又有執此也、相滿之說者、不拘何局何運、背水面山而安坟立宅、如
一白運、水在南、山在北、而背水面山則可、若水在北、山在南、而背水面山
則不可、今之看形勢、言地氣者、時或有之、至言天氣、則茫然矣
天氣地氣、各依星宮以成吉凶、吉与吉不同、凶与凶有異、尚皆散見
於各書、余曾天禁、既繪圖爲說、又列吉凶斷驗於後、庶幾學
者得窺全豹、不至愈久而愈失其真也
一白收水生旺、爲少年科甲、名揚四海、多生男子、聰明俊秀、

尅煞、主刑妻眼睛耳聾水死流蕩夫亡
二黑坤土生旺為發田財旺人丁不產文士止出武貴妻奪夫權
陰謀鄙吝尅煞主寡婦相傳產亡淫耗腹疾惡瘡
三碧木生旺為財祿豐盈人財興旺異途功名長房大盛尅煞
主瘋癲哮病殘疾刑妻盜賊官司雷擊徒流
四綠木生旺為文章名世科第聯芳婦女端妍婚配貴族賢婦
妻尅煞、主瘋魔邪祟縊死血崩蛇噬水亡男子漂流婦女淫
亂瘰癧勞傷小兒驚症

五黃土為戊己大煞，不論生尅俱大凶，宜安靜，不宜動作，年神并臨，即損人丁，輕則災病，重必連喪五數，而遞孟仲，官訟淫泆，季子昏迷癡呆。

六白金生旺為威權震世，武職勳名，巨富多丁，文武雙肯，尅煞主刑妻無嗣，寡婦守家，頭風腦痛，癩癧瘡狼，吞狗咬。

七赤金生旺為發財旺丁，武途仕宦，小房發福，尅煞主盜賊離鄉，軍賊橫死，口舌官司，火災損小口。

八白土生旺、為忠良孝義富貴久遠二房丁財尅煞主損
小口瘟瘴膨脹之嗣絕亡牛觸
九紫火生旺、為文章科第長子榮隆易見易發尅煞主吐血
瘋狂回祿產死目疾官非
增釋曰九星之吉凶大略如此、以之看地氣當實而實之處天氣
當虛而虛之處偶作生旺斷吉倘地氣當實而虛天氣當虛而實
作尅煞斷凶此即江南龍來江北望江西龍去望江東楊公看雌雄之
法實為正神空為零神元空之妙全在於此

坎宮龍向砂應驗圖

坎宮內地支惟有一子。如龍向砂水在此。遇子年太歲為填實。年年太歲為正沖。辰申年太歲為逢合。係本運之吉方主吉。水運之凶方主凶。填實正沖為最。逢合次之。其應驗共有四年。

艮宮龍向砂水應驗圖

艮宮內地支有丑有寅則丑年寅年太歲為填實未年太歲冲丑申年冲寅為正冲巳酉年太歲合丑午戌年合寅為逢合龍向砂水有一字四年应之有二字八年应之此謂對冲吊照之应

震宮龍向砂水應驗圖

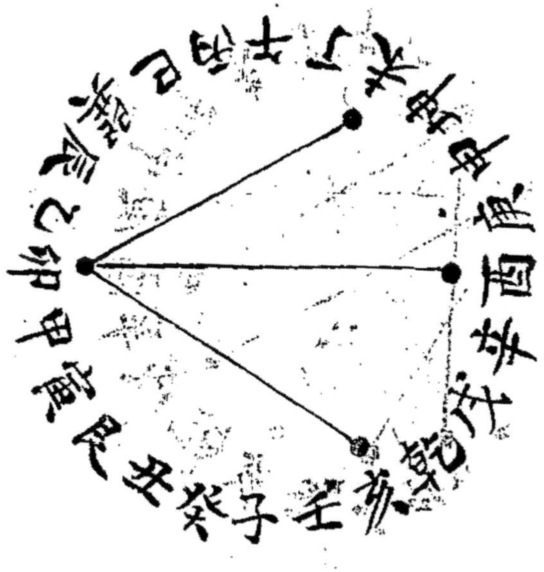

震宮內地支惟有一卯、如龍向砂水在此遇卯年太歲為填實酉年太歲為正冲、亥未為逢合、係本運之吉方主吉、凶方主凶、填實正冲為最、逢合次之、應驗有四年。

巽宮龍向砂水應驗圖

巽宮地支有辰有巳，辰巳年太歲為填實，戌年冲辰，亥年冲巳，為正冲，申子年辰合，酉丑年合巳，為逢合，龍向砂水上有一字四年應之，有兩字八年應之

離宮龍向砂水應驗圖

離宮地支惟有一午。龍向砂水在此遇午太歲為填實子為正沖。寅戌逢合。你來運于吉方主吉。凶方主凶。填實正沖為最逢合次之。其應驗共有四年。

坤宮龍向砂水應驗圖

坤宮地支有未有申則未年申年、太歲為填實丑年太歲沖未寅年沖申、為正沖亥卯年合未子辰年沖合申、為逢合龍向砂水上有一字四年應之兩字八年應之

兌宮龍向砂水應驗圖

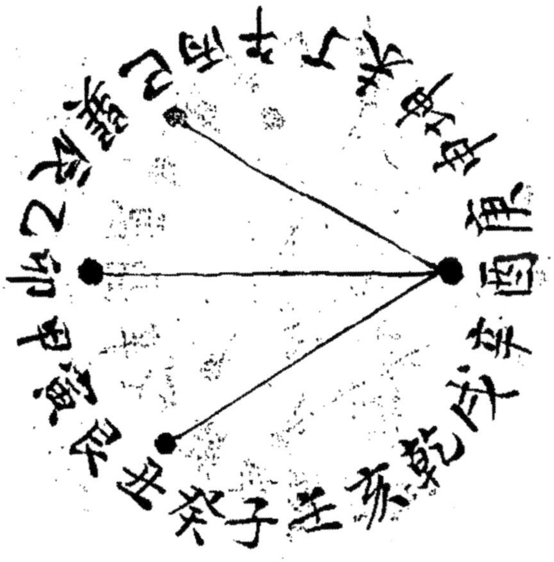

兌宮地支唯有一酉、龍向砂水在此、遇酉年太歲為填實、卯年正沖、巳丑逢合、本運吉方主吉、凶方主凶、填實正沖為最、逢合次之、其應驗者有四年。

乾宮龍向砂水應驗圖

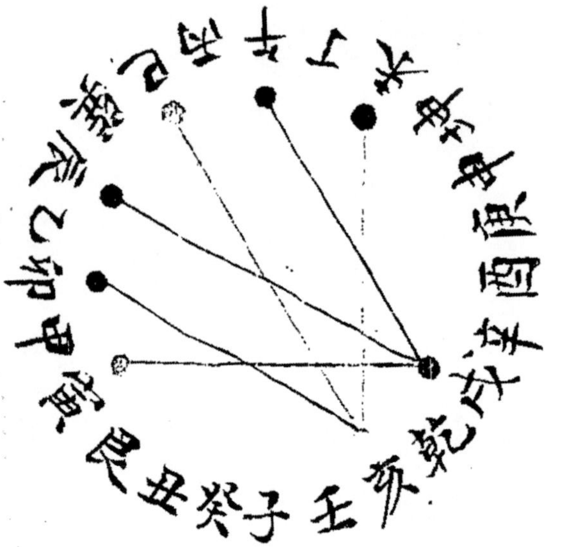

乾宮內地支有戌亥，對戌亥年、太歲為填實，辰年沖戌，巳年沖亥為正沖，寅午年太歲合戌，卯未年合亥為逢合，向水有一字四年應之，兩字八年應之

增釋曰元空家所以决吉凶者咸以龍水得對待之宜則吉失對待之宜則凶而已今訪道十餘年其精元空者不數見間有知者亦祇如此自得李趙兩先生之傳考覈精研始悉前後之八方皆有對待運有運之應驗年月流行有年月之應驗此皆以九星飛吊九宮而應驗者也乃精益求精久而有得十二地支分屬八卦為十二太歲值年值月之舍次元運吉凶其方遇太歲填實正沖逢合之年其應驗尤準三元飛吊九宮之外更有十二太歲之舍次填實正沖逢合司其權者在也

人第知元空只就龍與水以決得失吉凶故謗元空者謂元空是水龍之法此為不精言也余洞澈堪輿因曰元空者元妙處觀其空與不空耳如立穴之處詳觀四面八方宜空之處始可有水宜不空之處始可有山則九運九星十二太歲到水吉到山亦吉若宜空之處而反有山宜不空之處而反有水則九運九星十二太歲到山凶到水亦凶他如山凶水吉山吉水凶各有公位常之此八宮者不特一山之上有此八圖山山皆有八圖也不特一運之中有此八圖運運皆全用八圖也非分而為八實合而

為一者也
地理之道因地取宜隨地取裁為上如江浙以水為龍中州以平地為龍蜀省徽州皆以山為龍即如嘉湖之蘇松均以水為龍而相地亦有分別嘉湖之水直硬無情蘇松之水曲而文秀其中立穴定向覆坟均需分別若不得真傳不親臨其境何以知之故嘉湖之人無情者多蘇松之人智巧者夥浙人好利蘇人多謠可為明證矣

天地人三元說

今之執蔣盤以談元空者，必曰我得蔣氏之祕傳，不可顯以告人。信之者，任其施用，反吉為凶，求福致禍。其不以顯告人者，實不足以告人也。其訣為何，天地人三大卦也。以子午卯酉乾坤艮巽為天元，以辰戌丑未甲丙庚壬為地元，以寅申巳亥乙辛丁癸為人元。於是乎格龍在天元字上者，用天元字立向消水，格龍在地元字上者，用地元立向消水，格龍在人元字上者，用人元立向消水，且謂上元運宜天元龍穴向水，中元運宜人元龍穴向水，下元運宜地元龍穴向水。已拘泥甚又就盤中本位之經旦字以為陽左旋陰右旋以為挨星秘傳殊不知楊公天玉寶照二經之本意初未嘗以天元居上元人元居中元地元居下元也於蔣公盤式其二十四山之陰陽乃八卦九星之義一三七九在四正二四六八在四隅兩陰一陽兩陽一陰皆隨其星數以流行九宮並非死定在二十四山之本位也其五黃為中宮星數本宮陰陽隨天心正運入中星數之陰陽為五黃到處之陰陽此乃是挨星之正法彼碌碌然習范宜賓之挨星用而有損使羣起以譏元空者皆其邪說誤之也

一卦三山陰陽圖

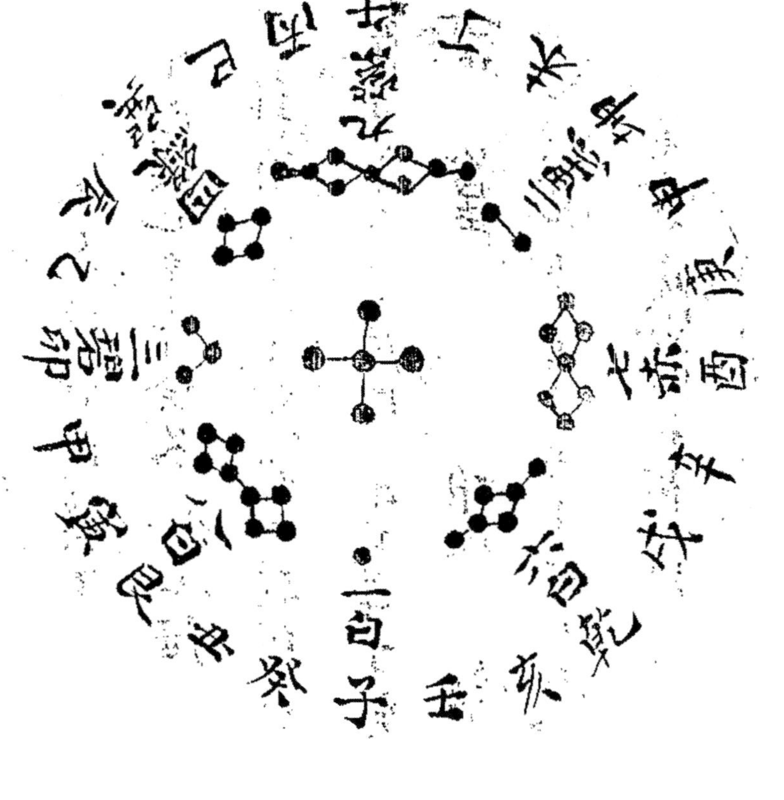

增釋曰羅經二十四山分子午卯酉乾坤艮巽為天元辰戌丑未甲庚丙壬為地元寅申巳亥乙辛丁癸為人元經云二十四山管三卦莫與時師話此即一卦有三卦之理也分乾坤艮巽寅申巳亥甲丙庚壬等十二為陽子午卯酉辰戌丑未乙辛丁癸十二為陰經曰干維乾坤艮巽壬陽順星辰轉支神坎震離兑癸陰卦逆行起分定陰陽歸兩路順逆推排去但未得正訣指明而強作解乃者不知九宮流行之定之陰陽而執羅經一定不移之陰陽遂造挨星圖左右團轉之法陰右陽左如推磨然竟謂陽從

左邊團〻轉。陰從右路轉相通。所使星挨星之法。以為用之字蓋而有損。然今謂挨星者。遂謂挨星了訣太謬。并真者。亦疑之。偽〻害真出於世。余數十年間。凡語寫談元空者。你花秘密者。詰其所學。皆此類也。大鴻氏雲間人。仲山氏錫山人。均籍江南。傳授在蘇。宜其見於甲籍。變惑於各省。其在遠向慕者。往〻為偽訣所誤。心實憫之。故於增釋挨星之文。將為圖說。所謂下卦起星之旨。俾學者因訣以尋圖。因圖以悟訣。辨三元九星於掌上。決往來興廢於寰中。不復為偽訣所誤。詎不快歟。維星之歷來口傳心授。不經筆

之於書、今將訣及訣中用者圖說列之於前、用及用中用各各說備之於後、以洩元妙天機不令俄露太甚、願讀是書者寶而藏之可耳、

蔣大鴻先生、近處先令傳授、僕　往營之外、並學堪輿之術十載於茲、黑若夜行、今境方通、於壬寅冬至日、遇嘉定劉霽青先生、授我元空大卦之法、一夕而成、從此歷驗古墓、絲毫不爽、始信堪輿之學、是有真也、癸卯春、請劉先生同行覓地、始覺平原曠野、遍地皆春、方知得名師難、得地易也、小地於涼溪之東向

富家沈姓讓序。癸卯四月。親營告成。畢生之大事已舒。如釋重擔。五中欣慰。夏間又遇嶽友。出所藏陽宅真詮、挨星真詮、係嶽坊黃其龍先生所錄。僕即披讀。覺與劉師一法。更加工細。又遇浦東貫步緯先生。釋家鑰匙一日。私幸迴見之隆。殆亦天賜。今將先空大卦、挨星並錄而藏之。恐犯天禁。非公不授。遇有忠孝節義善良之家。稍示一二、倘或不信。誠哀懇與置若罔聞也。若有求懇者。先探人家忠厚。誠實。施諸一地。致揚公救貧之法。與一片熱腸耳。

誰料蘇松雖有真傳故隱而不露與人築故以干上天之怒行道者均屬偽法故蘇松月光猶年來暴甲犯干見矣如吾鄉姚運卿金鶴堂湯可人王春山四人者聲名藉藉請之者自貨居奇而姚只行當有所取餘皆惟利自為余初時與姚湯二人交卽其所學六年把握自得訣始知從前所習皆偽法也

葉介墉望之記

八卦三爻界縫圖

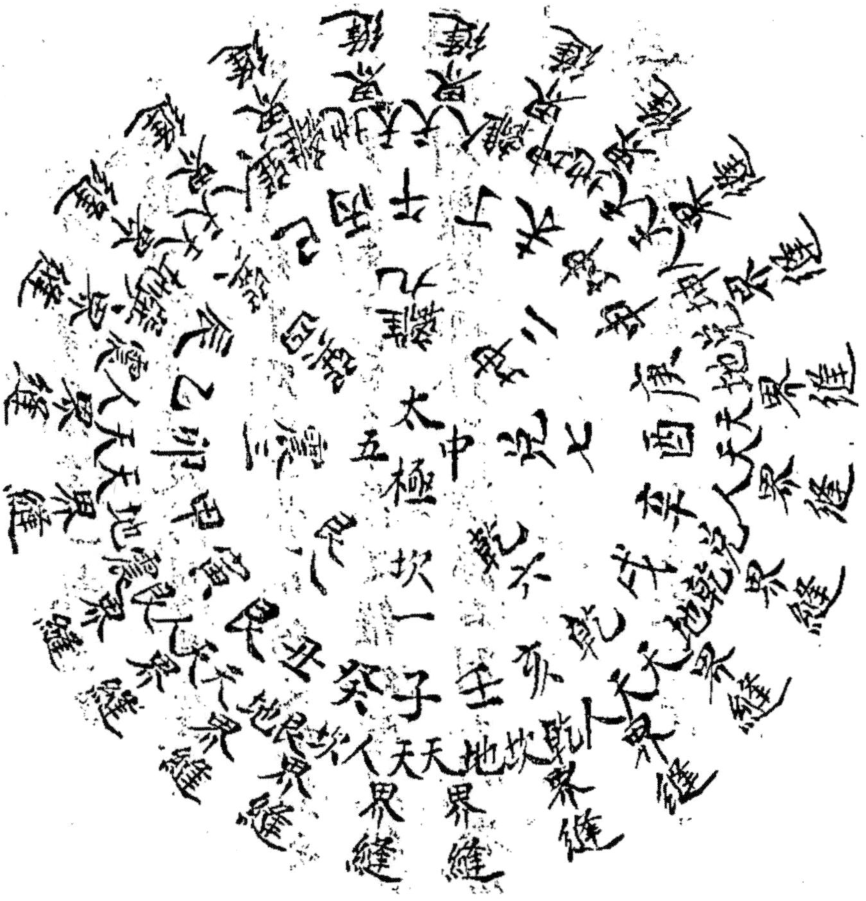

增釋曰八卦九宮為三元九運合次一卦三爻為挨星順逆根由星從卦起挨以爻分故八卦界縫及陰陽界縫中俱不可立向使立於八卦界縫及陰陽界縫中則向上當用何爻何卦之向星陰陽入中順逆飛佈耶蓋卦雜則兩星爭權爻雜則陰陽錯亂如壬山丙向偏左巳丙界縫偏右則離巽兩卦不清偏右則午丙界縫陰陽兩爻不辨若偏左不至巳偏右不至午仍作丙向用

歷遇明師指示云單向兼不可偏偏然一偏即犯陰陽錯亂之病慎之慎之

此篇圖說乃為近日誤学者而言且示人以真正之路也世之僞口訣元妙者不論岳頭者說理氣又捨雌雄對待陰陽消長之義而將重挨星等真挨星僞挨星等真挨法僞挨法其立向之並加尤為可笑夫八卦三爻惟八卦界縫與天地界縫不可立向者謂不可立於界縫之中耳但在界縫之傍者作本卦本向論有何不可乎後之流竟謂地元向最挨偏左則出卦偏右則雜天元甚至逐天元之不敢偏左謂恐雜地元人元之不敢偏右謂人元之不敢者恐出卦也若如此言則二十四山將有大半不可立向者有是理乎謂

天生地設之山向彼偏執拘泥之見抑令失穴失向者往往有之甚至登山看人之坟動則勸人遷改以合彼之候法余爲此篇圖說雖無甚奧義以之破俗術拘泥亦可為聾瞶針砭立向者不可不知也

僞挨星說

范宜賓之僞挨星圖。其訣曰。貪狼子癸与甲申。巨门卯乙壬未坤。四六宮中皆武曲。酉辛丑艮丙破軍。寅午庚子四位上右弼。一星逆次。隨其挨星之法。以子起午。午起子。乾起巽。巽起乾。坤起艮。艮起坤。卯起酉。酉起卯。為八天元。對面起挨星。以壬起辰。辰起壬。癸起巳。巳起癸。丙起戌。戌起丙。丁起亥。亥起丁。未起甲。甲起未。乙起申。申起乙。庚起丑。丑起庚。辛起寅。寅起辛。為八地元。八人元隔四位而起挨星。然本山本向之紅字陽星左旋。黑字陰星右旋云是陽從左邊團團轉陰從右路轉相通造之成圖刻之成書如是以真挨星之法隱而偽挨星之訣遂傳鄭靈載之蓮窗問答亦用其訣而起法則天地人皆以山之星翻左向上向上之星翻左山上不依壬起辰丙起戌隔四位之法天驚訣亦偽書也其挨星法與鄭同故知其偽且蔣公在時已有假其名者是以蔣公特作辨正五歌而外別無他書蓋逆知後日之多偽耳世之批駁挨星者但執偽挨星圖而批駁之於無關涉之地理錄要亦係疑似之圖

辭。并此六疑之。是因噎廢食之謂。皆未得真傳。故不分真偽。實范宜賓之罪也

一運天心一卦圖

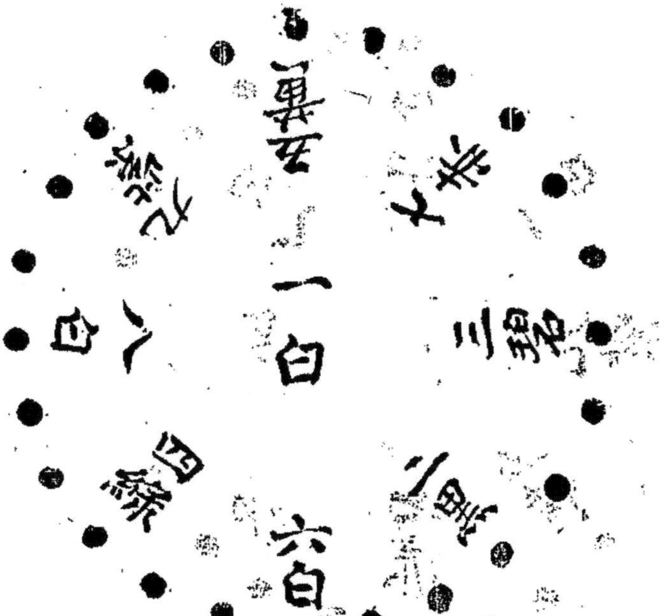

二運天心一卦圖

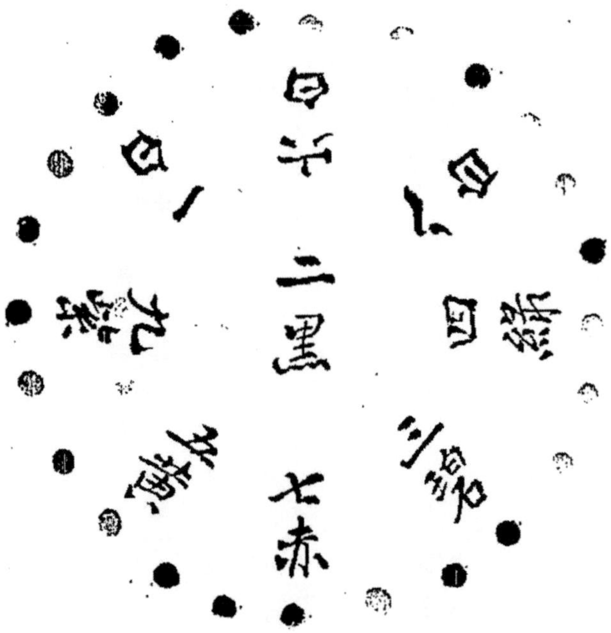

三運天心一卦圖

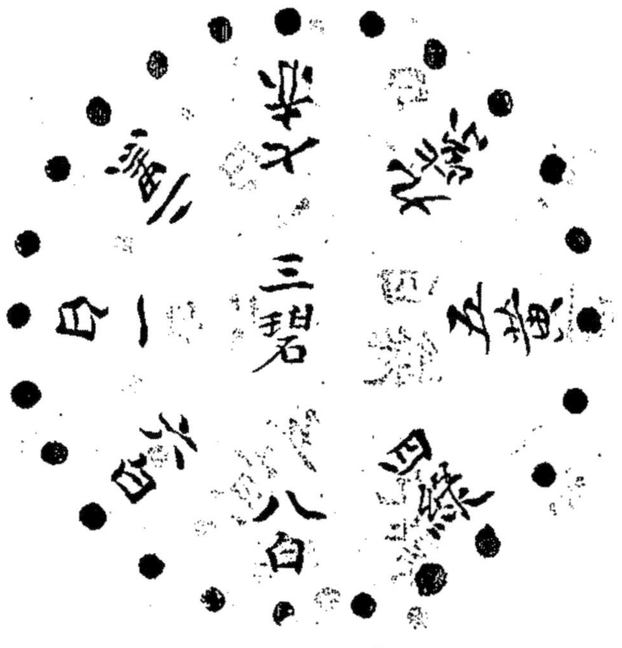

四運天心一卦圖

五運天心一卦圖

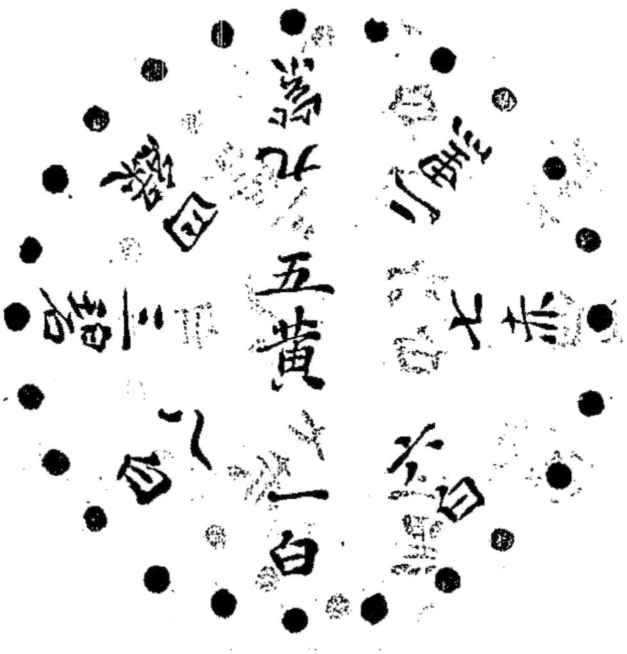

六運天心一卦圖

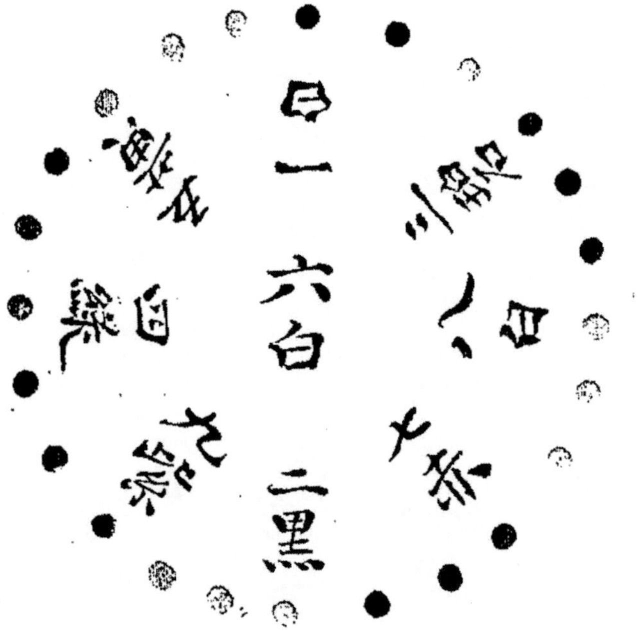

七運天心一卦圖

八運天心一卦圖

九運天心一卦圖

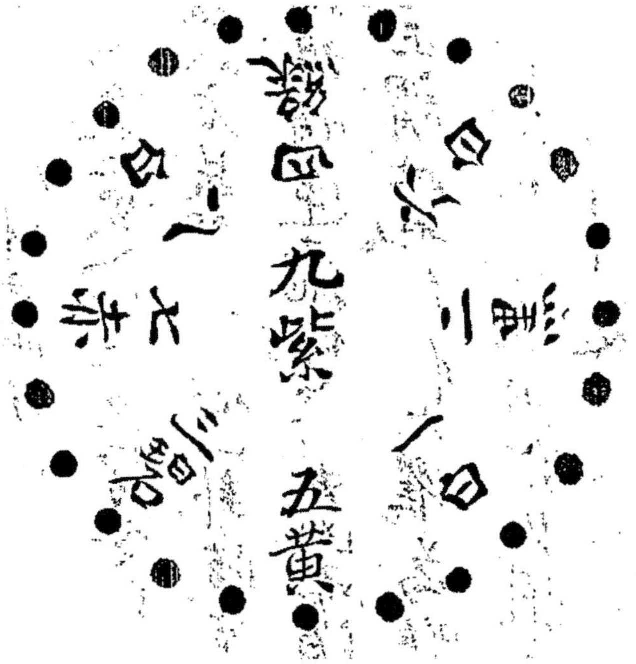

增釋曰元運即天運之次序運之所係即係天心一白運一白入中一白當令即是天心二黑運二黑入中二黑當令即是天心九運皆然星運入中餘氣飛佈八方是謂之天心一卦隨方立向而定之星最重再以之入中依陰陽順逆飛佈察吉凶而消長之天元歌曰向首一星災禍柄者正謂此也能得九曜爲喉舌者亦謂此也舊祇口傳余爲圖說者以僞書日滋則真書不得不作耳其九運順逆十八書備列於後

一白向星入中圖

順挨式

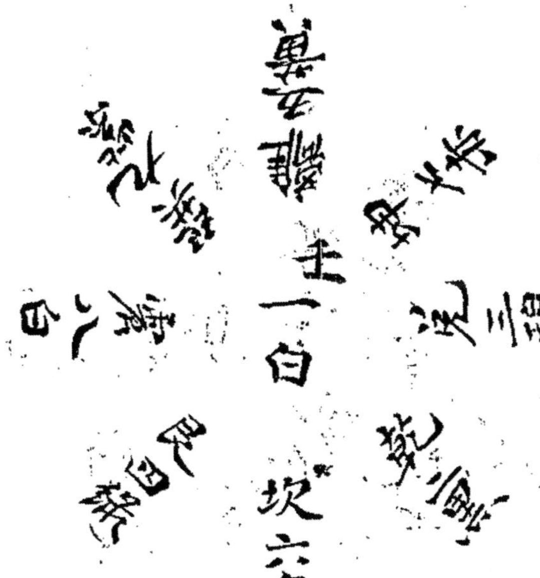

逆挨式

二黑向星入中圖

順挨

逆挨

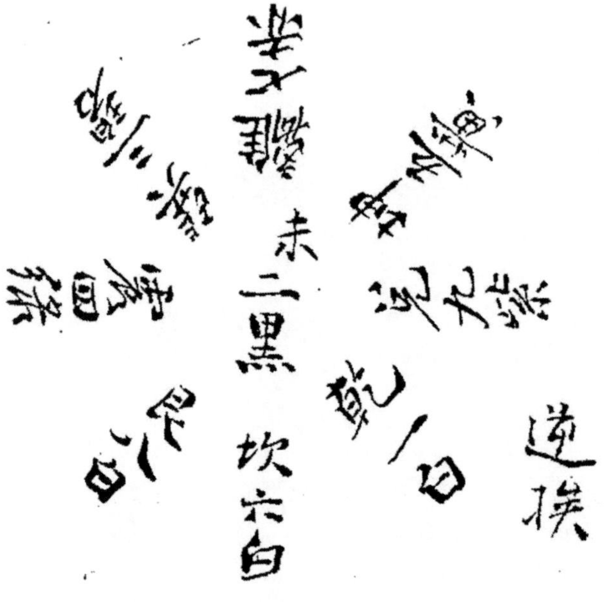

三碧向星入中圖

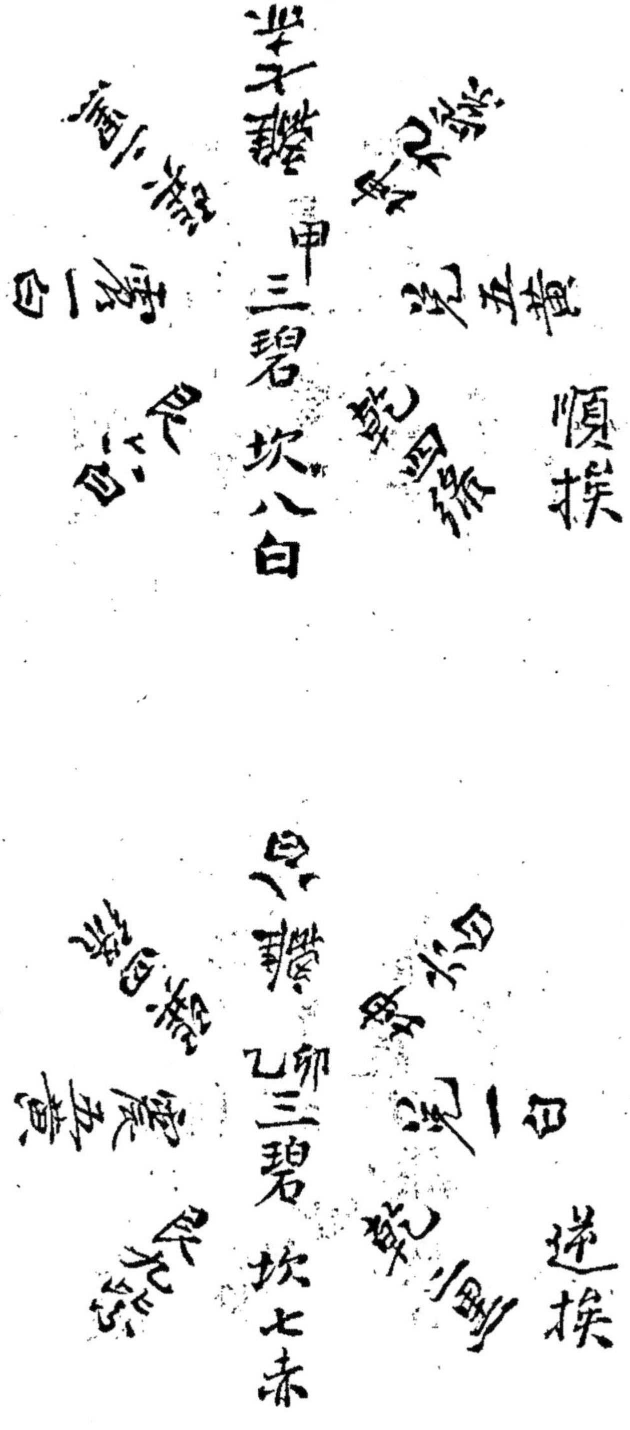

四綠向星入中圖

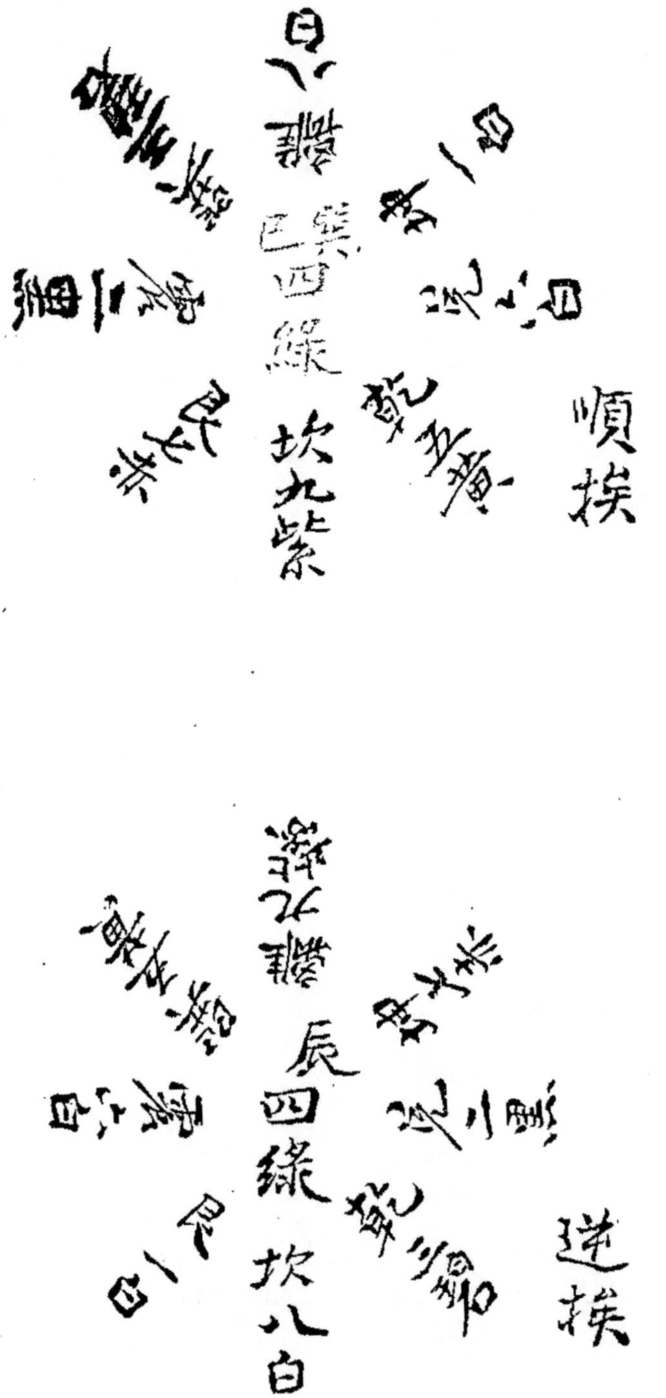

五黃向星入中圖

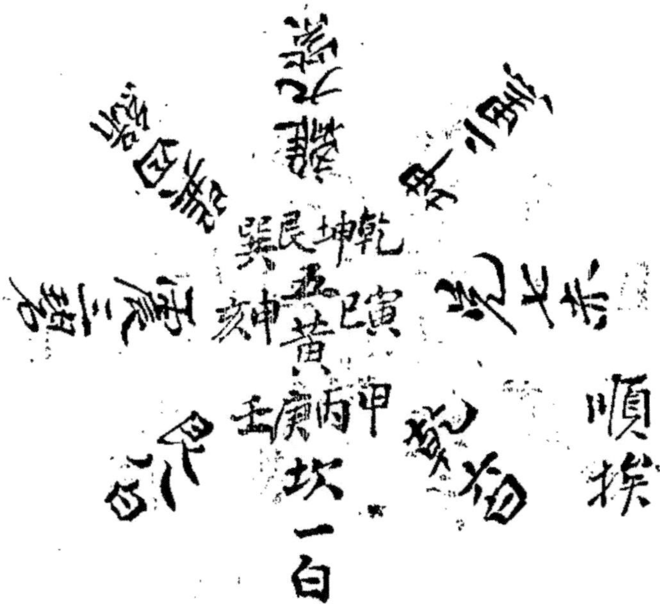

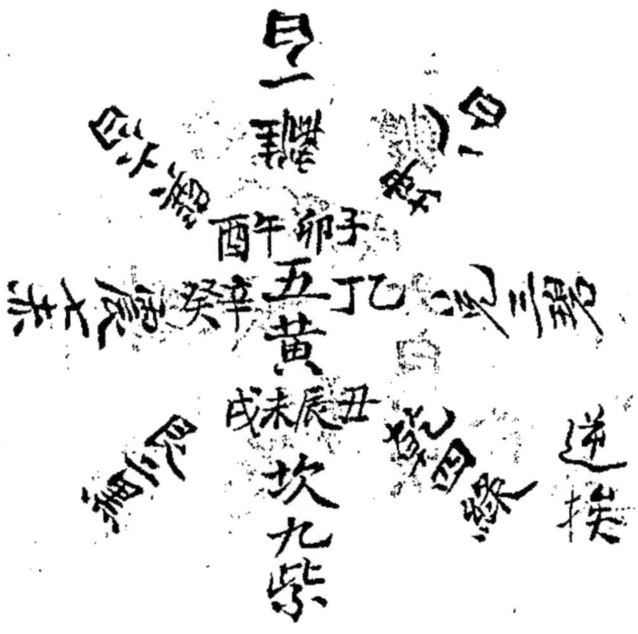

六白向星入中圖

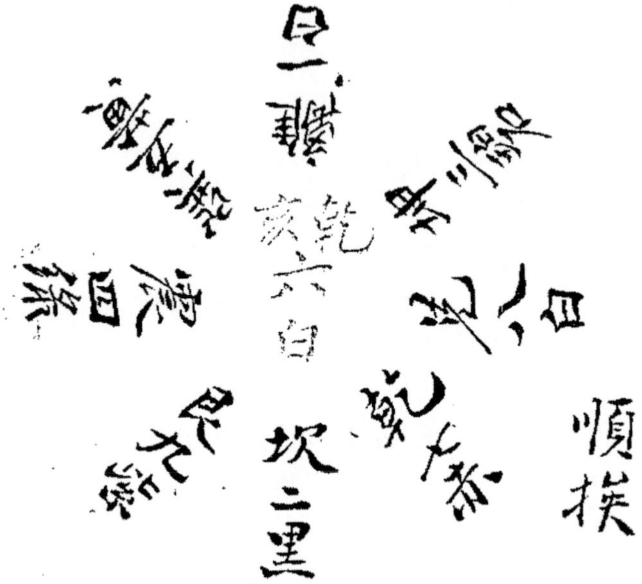

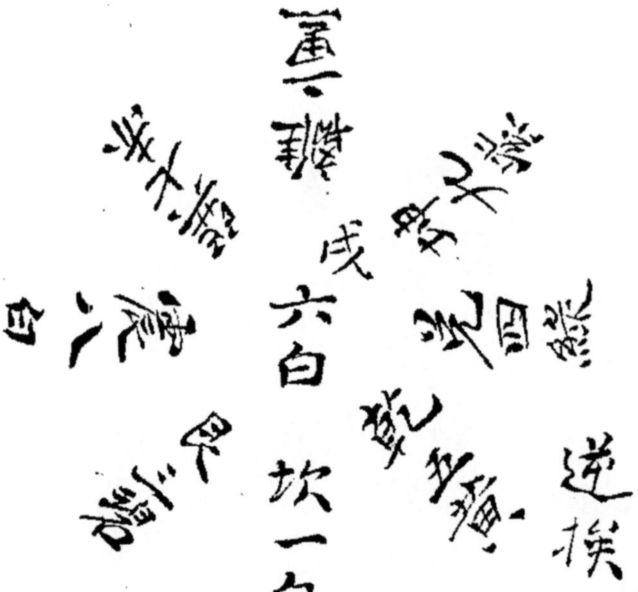

七赤向星入中圖

順挨

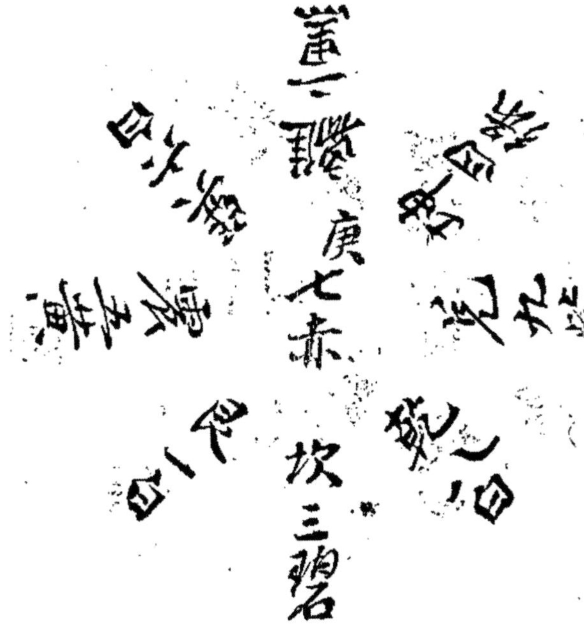

逆挨

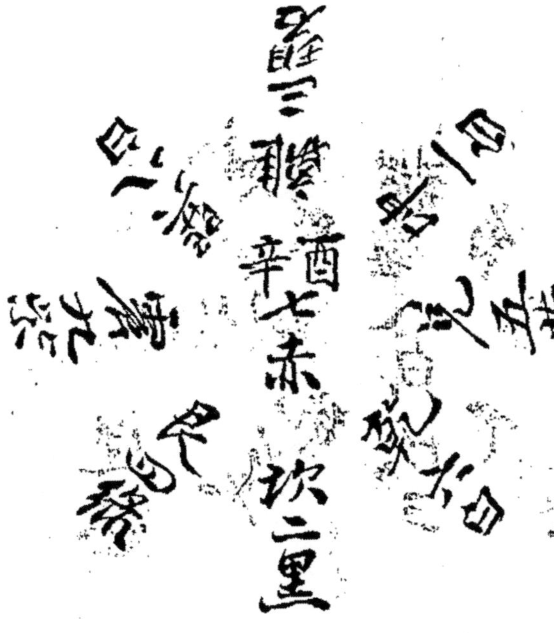

八白向星入中圖

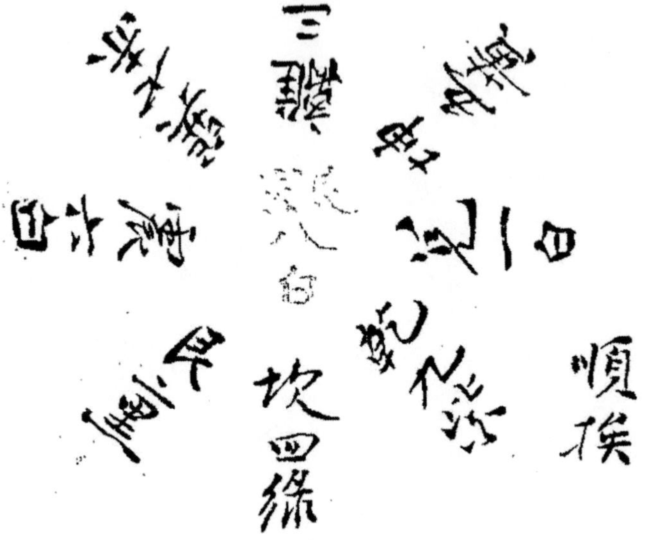

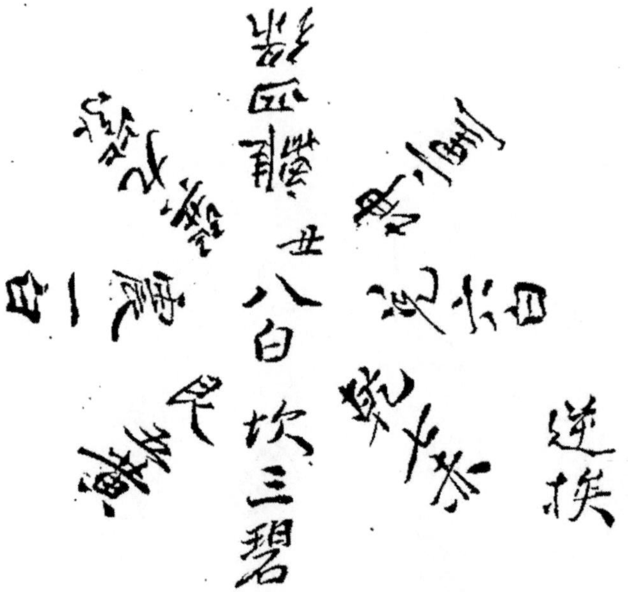

九紫向星入中圖

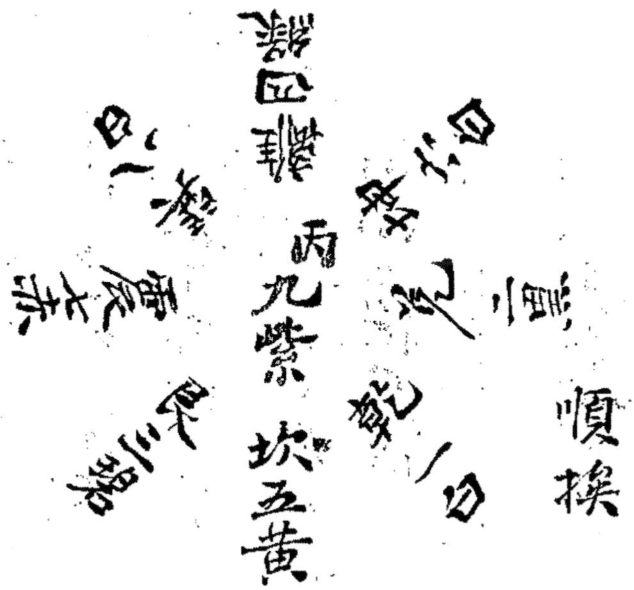

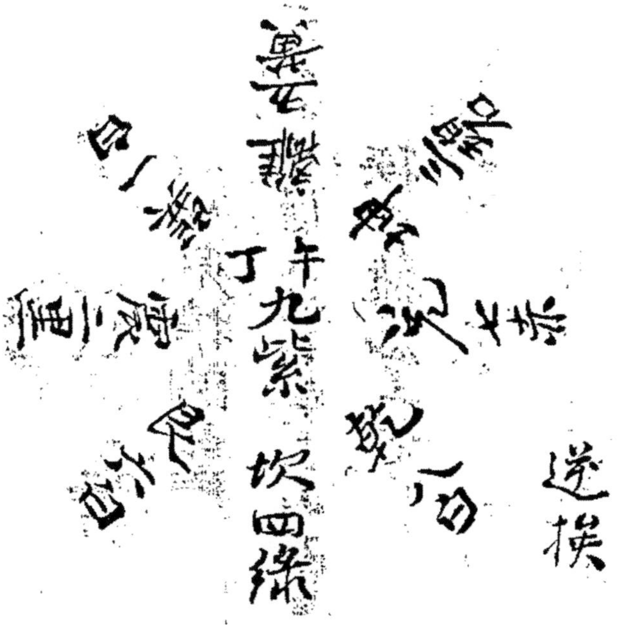

增釋曰山有二十四每運十二陽順十二陰逆向有二十四每運十二陽順十二陰逆共成四十八局九運有九個四十八局僅作此十八局者總不外此十八局也而以九運之五行生剋推測之則变化無窮矣試舉八白運中離卦以明之如八白運之壬子癸三山丙午丁三向用向上挨星法以本運八白入中順挨至離為三碧甲卯乙即以三碧入中若是丙向丙上是甲則順挨至離為七赤兌金向上本位之離火尅挨星兌金直毫无生氣七赤又為八白洩氣丁財俱不利若是午向午上是卯則逆挨至離為八白艮土向上本位

之雜火，生挨星之艮土，與運相比，謂之旺氣，丁財大盛，豈不大利乎。丁向是乙，亦逆挨，與午向之星同吉。以八運之坤而言，如八白之丑艮寅三山，未坤申三向，以八白運入中，順飛至坤為五黃，五黃為中宮之星，為陰陽之分，乃八白既入中宮為天心，即八白運星之陰陽，為向上五黃之陰陽，則未上是丑未向，即以丑入中，逆挨至坤，為八白艮土，坤艮二土比和相旺，吉莫大焉。坤上五黃入中，照八白順挨至坤，為二黑坤土還宮，亦與本位之土相比大利。申上是寅申向，以五入中順挨，與坤向之星同吉。三元九運二十四山向、四十八局同此一例挨之、吉凶判然可見。凡用挨星、第不從山向門路上決休咎、雖龍穴砂水皆然、必先觀有地無地、次看其得運失運、然後以挨星測其合宜與否、則地理之能事畢矣。近有一種人全不知陰地陽宅之形勢、囂囂然以挨星秘訣自負、胡亂作為、吉凶顛倒、捨形勢而以挨星誤人、真訣因之益晦矣。

地之龍穴砂水之美惡、是體、挨星是用、須體用兼全、則發不旋踵矣。如人之八字、命好、運好、為大發、命次、運好、亦

可順風。但小發耳。命好年運。一世無成。命次運低。一生
貧賤矣。

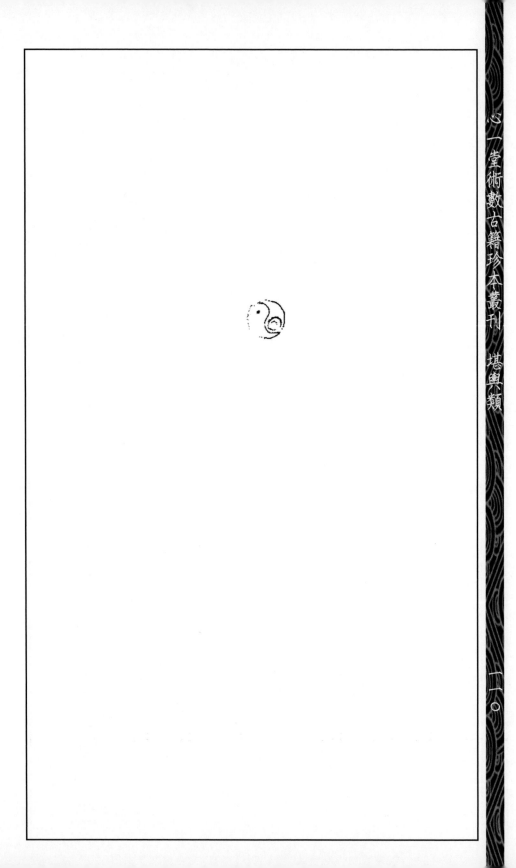

九星說上篇

楊公之言巒頭以貪狼九星為名其言挨星又以貪狼九星為名巒頭之九星貪狼屬木祿存屬土文曲屬水廉貞屬火左輔右弼皆金挨星之九星貪狼屬水祿存文昌皆屬木武曲破軍皆屬金廉貞左輔屬土右弼屬火夫天上七星多矣何只用此九星且又五行互易改令讀元空者以為不當用北斗七星加輔弼為九斥為不經之談蓋斥元空都非是並謂不當湊泊用名可也謂元空都非是不可也元空理氣根本河

洛按河出圖洛出書在伏羲氏之世已有八卦九宮錯綜經野為三元九宮之始基自黃帝定甲子之後以太乙占天文奇門占地理六壬占人事於是三元九運之數愈彰只言吉凶消長而已然猶未為精微也故夏之連山數起於西北止於東南商之歸藏數起於東北止於西南至文王乃定河洛之數以正北正南八卦九宮之位以正對三元九星之附麗益真是周以前之卜筮缺如周以後之占驗大著概可知其元空理氣實有彰往察來之數前此數有年事登山猶如目睹蔣公云天下無真奇門惟元空為

真奇門、蓋有本之言也。寥公之命名出頭亦有九星如太陽太陰燥火掃蕩太陽日也太陰月也燥火掃蕩何處有此名乎三合家何嘗不以七星而配生旺庫又三匹貪狼亦以七星配輔弼而為八星又天父地母卦亦用八星自向上起輔弼謂之為挨星乃人不挑駁諸家之九星八星七星之不經而獨指摘楊公之九星自唐迄今垂千餘年、著不聞有謗九星者、何至今謗元空者紛起是由蔣公秘惜挨星太重、忌之依之、群起謗之、范宜賓更作偽書以招謗、世之有毀蔣公挨星者、必先駁楊公之九星為非是、遂

可遠蔣公一概抹倒其實九星經原有一白二黑之等名何
用貪狼等星彼誘人之多口寫者楊公在唐時爲司天太史
之職曾得內府玉匣郎公之秘籍其以九星配九宮亦必有所見而
云然即如昌平明神宗光宗爲坎懷宗之祖与父也其凶山惡水在
坤兌爲宮內爲參井爲宿爲秦之分野張李二寇實生於
秦明以七赤運內大兇交甲申國亡二寇亦尋滅李自成
之父於華山夢嶽神謂之曰已命破軍星爲汝子矣楊
公以破軍爲七赤兌宮陝与明陵之凶砂惡水相符嶽神之言

又符七赤八白運內、明證已終、故知楊公以九星配九宮、蓋有信而
有徵矣、又如科第之興、始於隋季、而盛於唐、有云四一同宮準
擬科名之選、又云一白為魁星之慶、四綠號文昌之祥、夫北斗
七星第一星為貪狼、為斗魁、其神為魁星、第四為文曲、其
神為文昌、楊公以配洛書之一宮四宮、今二星同列山向砂水門
路、床房灶口主登科及第、應驗甚奇、三合家以巽辛二方文峯秀
水利於科名、殊不知每逢辰戌丑未會試之年、四月魁星列與文昌
到巽、正當出榜之時、有向山床房飛星之四一與元運之四一、卒

月之四一，即文昌雙星相會，形容居賓假，遷之者其致如神，可知傍九星，未知挨星之妙耳。余故曰古人之法未盡精微，今人之法，愈密愈奇，則地理可上應二十八宿之天象，何止北斗七星而已耶。

九星說下篇

楊公以北斗加輔弼二星、名曰顯九星、又以之名洛書紫白九星、已縱析辨之矣、然余自得訣以來、歷考舊篇故等不文意總者似星以八卦五行生尅為憑、豈有他卦九星之八卦也、不過九星為流行之八卦加乎本位不移之八卦、其錯綜與周易六十四卦同、然貪狼等星、與奇門之九星同、天蓬運即一白坎、天芮即二黑坤、天衝三碧震、天輔四綠巽、天禽五黃中宮、天心六白乾、天柱七赤兌、天任八白艮、天英即九紫離、其九星加臨之方上下生尅之五行八卦之五行論生尅，蓋以休生八門，而八門亦八卦也。休為一白坎，生為八白艮，傷為三碧震，杜為四綠巽，景為九紫離，死為二黑坤，驚為七赤兌，開為六白乾。足徵元空與奇門，雖各有九星之不同，均是以周易八卦為準也。周易之占以爻象陰位與爻互換變，知其吉凶。奇門之占以所主之支各有星神，視其生尅宜忌與否，更參之以八門、三奇、六儀，以知其出入利害與否。元空之視地以向山為躰，以元運到向山為躰中之用，運星入中為用，以山星向星入中，換星為用中用。然周易、三奇六儀二法皆以所得之卦上下論生尅而定也，即以八方飛到之星，与坐下論生尅，向星与中宮運星論生尅，尤重有彰往察來之效，此三者又同而不同也。相傳奇門出於黃帝之世，錯綜生尅之間，縱無六十四卦之刑，已有六十四卦之義，則文王之演易，殆亦有所因乎？元也為地理者書，縱不知其所自始，既合乎易經、奇門，則其源亦遠矣。世刻有黃帝宅經、海角經、青烏經，其名雖古，究未之敢信，最可笑者，他宜之實，又三合家不知九星為何物，或造成以為圖，或起之於生旺墓庫，或行之為天文地母卦，種種無心，病在於不可救，可為浩歎。

所以然者，皆楊公以九星代紫白之名，有以啟之也。方今天下習地理者，邪說橫行，不知凡幾。余恐有悞後人，故特為發說以宣洩之。

占筮類			
1	擲地金聲搜精秘訣	心一堂編	沈氏研易樓藏稀見易占秘鈔本
2	卜易拆字秘傳百日通	心一堂編	
3	易占陽宅六十四卦秘斷	心一堂編	火珠林占陽宅風水秘鈔本
星命類			
4	斗數宣微	【民國】王裁珊	民初最重要斗數著述之一；未刪改本
5	斗數觀測錄	【民國】王裁珊	失傳民初斗數重要著作
6	《地星會源》《斗數綱要》合刊	心一堂編	失傳的第三種飛星斗數
7	《斗數秘鈔》《紫微斗數之捷徑》合刊	心一堂編	珍稀「紫微斗數」舊鈔秘本
8	斗數演例	心一堂編	
9	紫微斗數全書（清初刻原本）	題【宋】陳希夷	斗數全書本來面目；有別於錯誤極多的坊本
10-12	鐵板神數（清刻足本）——附秘鈔密碼表	題【宋】邵雍	無錯漏原版 秘鈔密碼表 首次公開！
13-15	蠢子數纏度	題【宋】邵雍	蠢子數連密碼表 打破數百年秘傳 首次公開！
16-19	皇極數	題【宋】邵雍	清鈔孤本附起例及完整密碼表 研究神數必讀！
20-21	邵夫子先天神數	題【宋】邵雍	附手鈔密碼表 研究神數必讀！
22	八刻分經定數（密碼表）	題【宋】邵雍	皇極數另一版本；附手鈔密碼表
23	新命理探原	【民國】袁樹珊	子平命理必讀教科書！
24-25	袁氏命譜	【民國】袁樹珊	
26	韋氏命學講義	【民國】韋千里	民初二大命理家南袁北韋
27	千里命稿	【民國】韋千里	北韋之命理經典
28	精選命理約言	【民國】韋千里	
29	滴天髓闡微——附李雨田命理初學捷徑	【民國】袁樹珊、李雨田	命理經典未刪改足本
30	段氏白話命學綱要	【民國】段方	民初命理經典最淺白易懂
31	命理用神精華	【民國】王心田	學命理者之寶鏡

32	命學探驪集	【民國】張巢雲	發前人所未發 稀見民初子平命理著作
33	澹園命談	【民國】高澹園	
34	算命一讀通——鴻福齊天	【民國】不空居士、覺先居士合纂	
35	子平玄理	【民國】施惕君	
36	星命風水秘傳百日通	心一堂編	
37	命理大四字金前定	題【晉】鬼谷子王詡	源自元代算命術
38	命理斷語義理源深	心一堂編	稀見清代批命斷語及活套
39－40	文武星案	【明】陸位	失傳四百年《張果星宗》姊妹篇　千多星盤命例　研究命學必備
相術類			
41	新相人學講義	【民國】楊叔和	失傳民初白話文相術書
42	手相學淺說	【民國】黃龍	民初中西結合手相學經典
43	大清相法	心一堂編	重現失傳經典相書
44	相法易知	心一堂編	
45	相法秘傳百日通	心一堂編	
堪輿類			
46	靈城精義箋	【清】沈竹礽	沈氏玄空遺珍 玄空風水必讀
47	地理辨正抉要	【清】沈竹礽	
48	《玄空古義四種通釋》《地理疑義答問》合刊	沈瓞民	
49	《沈氏玄空吹虀室雜存》《玄空捷訣》合刊	【民國】申聽禪	
50	漢鏡齋堪輿小識	【民國】查國珍、沈瓞民	
51	堪輿一覽	【清】孫竹田	失傳已久的無常派玄空經典
52	章仲山挨星秘訣（修定版）	【清】章仲山	章仲山無常派玄空珍秘 門內秘本首次公開 沈竹礽等大師尋覓一生末得之珍本！
53	臨穴指南	【清】章仲山	
54	章仲山宅案附無常派玄空秘要	心一堂編	
55	地理辨正補	【清】朱小鶴	玄空六派蘇州派代表作
56	陽宅覺元氏新書	【清】元祝垚	簡易・有效・神驗之玄空陽宅法
57	地學鐵骨秘　附　吳師青藏命理大易數	【民國】吳師青	釋玄空廣東派地學之秘
58－61	四秘全書十二種（清刻原本）	【清】尹一勺	玄空湘楚派經典本來面目 有別於錯誤極多的坊本

62	地理辨正補註 附 元空秘旨 天元五歌 玄空精髓 心法秘訣等數種合刊	【民國】胡仲言	貫通易理、巒頭、三元、三合、天星、中醫
63	地理辨正自解	【清】李思白	公開玄空家「分率尺、工部尺、量天尺」之秘
64	許氏地理辨正釋義	【民國】許錦灝	民國易學名家黃元炳力薦
65	地理辨正天玉經內傳要訣圖解	【清】程懷榮	秘訣一語道破，圖文并茂
66	謝氏地理書	【民國】謝復	玄空體用兼備、深入淺出
67	論山水元運易理斷驗、三元氣運說附紫白訣等五種合刊	【宋】吳景鸞等	失傳古本《玄空秘旨》《紫白訣》
68	星卦奧義圖訣	【清】施安仁	三元玄空門內秘笈 清鈔孤本 過去均為必須守秘不能公開秘密 與今天流行飛星法不同
69	三元地學秘傳	【清】何文源	
70	三元玄空挨星四十八局圖說	心一堂編	
71	三元挨星秘訣仙傳	心一堂編	
72	三元地理正傳	心一堂編	
73	三元天心正運	心一堂編	
74	元空紫白陽宅秘旨	心一堂編	
75	玄空挨星秘圖 附 堪輿指迷	心一堂編	
76	姚氏地理辨正圖說 附 地理九星并挨星真訣全圖 秘傳河圖精義等數種合刊	【清】姚文田等	蓮池心法 玄空六法 門內秘鈔本首次公開
77	元空法鑑批點本——附 法鑑口授訣要、秘傳玄空三鑑奧義匯鈔 合刊	【清】曾懷玉等	
78	元空法鑑心法	【清】曾懷玉等	
79	曾懷玉增批蔣徒傳天玉經補註【新修訂版原（彩）色本】	【清】項木林、曾懷玉	
80	地理學新義	【民國】俞仁宇撰	揭開連城派風水之秘
81	地理辨正揭隱（足本） 附連城派秘鈔口訣	【民國】王邈達	
82	趙連城傳地理秘訣附雪庵和尚字金	【明】趙連城	
83	趙連城秘傳楊公地理真訣	【明】趙連城	
84	地理法門全書	仗溪子、芝罘子	巒頭風水，內容簡核、深入淺出
85	地理方外別傳	【清】熙齋上人	巒頭形勢、「望氣」「鑑神」
86	地理輯要	【清】余鵬	集地理經典之精要
87	地理秘珍	【清】錫九氏	巒頭、三合天星，圖文並茂
88	《羅經舉要》附《附三合天機秘訣》	【清】賈長吉	清鈔孤本羅經、三合訣法圖解
89-90	嚴陵張九儀增釋地理琢玉斧巒	【清】張九儀	清初三合風水名家張九儀經典清刻原本！

91	地學形勢摘要	心一堂編	形家秘鈔珍本
92	《平洋地理入門》《巒頭圖解》合刊	【清】盧崇台	平洋水法、形家秘本
93	《鑒水極玄經》《秘授水法》合刊	【唐】司馬頭陀、【清】鮑湘襟	千古之秘，不可妄傳匪人
94	平洋地理闡秘	心一堂編	雲間三元平洋形法秘鈔珍本
95	地經圖說	【清】余九皋	形勢理氣、精繪圖文
96	司馬頭陀地鉗	【唐】司馬頭陀	流傳極稀《地鉗》
97	欽天監地理醒世切要辨論	【清】欽天監	公開清代皇室御用風水真本
三式類			
98-99	大六壬尋源二種	【清】張純照	六壬入門、占課指南
100	六壬教科六壬鑰	【民國】蔣問天	由淺入深，首尾悉備
101	壬課總訣	心一堂編	過去術家不外傳的珍稀六壬術秘鈔本
102	六壬秘斷	心一堂編	
103	大六壬類闡	心一堂編	
104	六壬秘笈——韋千里占卜講義	【民國】韋千里	六壬入門必備
105	壬學述古	【民國】曹仁麟	依法占之，「無不神驗」
106	奇門揭要	心一堂編	集「法奇門」、「術奇門」精要
107	奇門行軍要略	【清】劉文瀾	條理清晰、簡明易用
108	奇門大宗直旨	劉毗	天下孤本　首次公開　虛白盧藏本《秘藏遁甲天機》　奇門不傳之秘　應驗如神
109	奇門三奇干支神應	馮繼明	
110	奇門仙機	題【漢】張子房	
111	奇門心法秘纂	題【漢】韓信（淮陰侯）	
112	奇門廬中闡秘	題【三國】諸葛武侯註	
選擇類			
113-114	儀度六壬選日要訣	【清】張九儀	清初三合風水名家張九儀擇日秘傳
115	天元選擇辨正	【清】一園主人	釋蔣大鴻天元選擇法
其他類			
116	述卜筮星相學	【民國】袁樹珊	民初二大命理家南袁北韋　南袁之術數經典
117-120	中國歷代卜人傳	【民國】袁樹珊	

占筮類			
121	卜易指南(二種)	【清】張孝宜	民國經典，補《增刪卜易》之不足
122	未來先知秘術——文王神課	【民國】張了凡	內容淺白、言簡意賅、條理分明
星命類			
123	人的運氣	汪季高(雙桐館主)	五六十年香港報章專欄結集！
124	命理尋源	【民國】徐樂吾	民國三大子平命理家徐樂吾必讀經典！
125	訂正滴天髓徵義		
126	滴天髓補註 附 子平一得		
127	窮通寶鑑評註 附 增補月談賦 四書子平		
128	古今名人命鑑		
129-130	紫微斗數捷覽(明刊孤本)[原(彩)色本] 附 點校本 (上)(下)	馮一、心一堂術數古籍整理編校小組 整理	明刊孤本 首次公開！
131	命學金聲	【民國】黃雲樵	民國名人八字、六壬奇門推命
132	命數叢譚	【民國】張雲溪	子平斗數共通、百多民國名人命例
133	定命錄	【民國】張一蟠	民國名人八十三命例詳細生平
134	《子平命術要訣》《知命篇》合刊	【民國】鄒文耀、【民國】胡仲言 撰	《子平命術要訣》科學命理；《知命篇》易理皇極、命理地理、奇門六壬互通
135	科學方式命理學	閻德潤博士	匯通八字、中醫、科學原理！
136	八字提要	韋千里	民國三大子平命理家韋千里必讀經典！
137	子平實驗錄	【民國】孟耐園	作者四十多年經驗 占卜奇靈 名震全國！
138	民國偉人星命錄	【民國】囂囂子	幾乎包括所民初總統及國務總理八字！
139	千里命鈔	韋千里	失傳民初三大命理家-韋千里 代表作
140	斗數命理新篇	張開卷	現代流行的「紫微斗數」內容及形式上深受本書影響
141	哲理電氣命數學——子平部	【民國】 彭仕勛	命局按三等九級格局、不同術數互通借用
142	《人鑑——命理存驗・命理擷要》(原版足本)附《林庚白家傳》	【民國】林庚白	傳統子平學修正及革新、大量名人名例
143	《命學苑苑刊——新命》(第一集)附《名造評案》《名造類編》等	【民國】林庚白、張一蟠等撰	史上首個以「唯物史觀」來革新子平命學結集
相術類			
144	中西相人探原	【民國】袁樹珊	按人生百歲，所行部位，分類詳載
145	新相術	【美國】字拉克福原著、【民國】沈有乾編譯	通過觀察人的面相身形、色澤舉止等，得知性情、能力、習慣、優缺點等
146	骨相學	【民國】風萍生編著	結合醫學中生理及心理學，影響近代西、日、中相術深遠
147	人心觀破術 附運命與天稟	【日本】管原如庵、加藤孤雁原著，【民國】唐真如譯	觀破人心、運命與天稟的奧妙

148	《人相學之新研究》《看相偶述》合刊	盧毅安	集中外大成，無不奇驗；影響近代香港相術名著
149	冰鑑集	【民國】碧湖鷗客	各家相法精華、相術捷徑、圖文並茂附名人照片
150	《現代人相百面觀》《相人新法》合刊	【民國】吳道子輯	失傳民初相學經典二種 重現人間！
151	性相論	【民國】余晉龢	民初北平公安局專論相學與犯罪專著（犯罪學生物學派）
152	《相法講義》《相理秘旨》合刊	韋千里、孟瘦梅	命理學大家韋千里經典、傳統相術秘籍精華
153	《掌形哲學》附《世界名人掌形》《小傳》	【民國】余萍客	圖文并茂、附歐美名人掌形圖及生平簡介
154	觀察術	【民國】吳貴長	可補充傳統相術之不足
堪輿類			
155	羅經消納正宗	【明】沈昇撰、【明】史自成、丁孟章合纂	失傳四庫存目珍稀風水古籍
156	風水正原	【清】余天藻	●積德為求地之本，形家必讀！ ●純宗形家，與清代欽天監地理風水主張大致相同
157	安溪地話（風水正原二集）		
158	《蔣子挨星圖》附《玉鑰匙》	傳【清】蔣大鴻等	窺知無常派章仲山一脈真傳奧秘
159	樓宇寶鑑	吳師青	陽宅風水必讀、現代城市樓宇風水看法改革
160	《香港山脈形勢論》《如何應用日景羅經》合刊		香港風水山脈形勢專著
161	三元真諦稿本──讀地理辨正指南	【民國】王元極	被譽為蔣大鴻、章仲山後第一人 內容直接了當，盡揭三元玄空家之秘
162	三元陽宅萃篇		
163	王元極增批地理冰海 附批點原本地理冰海	【清】高守中　【民國】王元極	
164	地理辨正發微	【清】唐南雅	極之清楚明白，披肝露膽
165-167	增廣沈氏玄空學 附 仲山宅斷秘繪稿本三種、自得齋地理叢說稿鈔本（上）（中）（下）	【清】沈竹礽	玄空必讀經典！附《仲山宅斷》幾種鈔本及批點本，畫龍點晴、披肝露膽，道中刊印本未點破的秘訣
168-169	巒頭指迷（上）（下）	【清】尹貞夫原著、【民國】何廷珊增訂、批注	圖文并茂：龍、砂、穴、水、星辰九十九變 洩漏天機：蔣大鴻、賴布衣挨星秘訣及用法
170-171	三元地理真傳（兩種）（上）（下）	【清】趙文鳴	蔣大鴻嫡派真傳張仲馨一脈二十種家傳秘本、宅墓案例三十八圖，並附天星擇日
172	三元宅墓圖 附 家傳秘冊		
173	宅運撮要	【民國】尤惜陰（演本法師）、榮柏雲	撮三集《宅運新案》之精要
174	章仲山秘傳玄空斷驗筆記 附 章仲山斷宅圖註	【清】章仲山傳、【清】唐鷺亭纂	無常派玄空不外傳秘中秘！二宅實例有斷驗及改造內容
175	汪氏地理辨正發微 附 地理辨正真本	【清】蔣大鴻、姜垚原著、【清】汪云吾發微	蔣大鴻嫡派張仲馨一脈三元理、法、訣具體泄露
176	蔣大鴻家傳歸厚錄汪氏圖解	【清】蔣大鴻、【清】汪云吾圖解	
177	蔣大鴻嫡傳三元地理秘書十一種批注	【清】蔣大鴻原著、【清】汪云吾、【清】劉樂山註	三百年來最佳《地理辨正》註解！石破天驚！

心一堂術數古籍珍本叢刊　第二輯書目

178	《星氣(卦)通義(蔣大鴻秘本四十八局圖并打劫法)》《天驚秘訣》合刊	題【清】蔣大鴻 著	江西興國真傳三元風水秘本
179	蔣大鴻嫡傳天心相宅秘訣全圖附陽宅指南等秘書五種	【清】蔣大鴻編訂、【清】汪云吾、劉樂山註	蔣大鴻徒張仲馨秘傳陽宅風水「教科書」！
180	家傳三元地理秘書十三種		真天宮之秘　千金不易之寶
181	章仲山門內秘傳《堪輿奇書》附《天心正運》	【清】章仲山傳、【清】華湛恩	直洩無常派章仲山玄空風水不傳之秘
182	《挨星金口訣》、《王元極增批補圖七十二葬法訂本》合刊	[民國]王元極	秘中秘——玄空挨星真訣公開！字字千金！
183-184	《家傳三元古今名墓圖集附謝氏水鉗》《蔣氏三元名墓圖集》合刊(上)(下)	(清)孫景堂，劉樂山，張稼夫	蔣大鴻嫡傳風水宅案、幕講師、蔣大鴻、姜垚等名家多個實例，破禁公開！
185-186	《山洋指迷》足本兩種　附《尋龍歌》(上)(下)	【明】周景一	風水巒頭形家必讀《山洋指迷》足本！
187-196	蔣大鴻嫡傳水龍經注解　附　虛白廬藏珍本水龍經四種(1-10)	【清】蔣大鴻編訂、【清】楊臥雲、汪云吾、劉樂山註	蔣大鴻嫡傳一脈授徒秘笈　希世之寶 千年以來，師師相授之秘旨，破禁公開！ 完整了解蔣氏嫡派真傳一脈三元理、法、訣！ 附已知最古《水龍經》鈔本等五種稀見《水龍經》
197	批注地理辨正直解	【清】章仲山	無常派玄空必讀經典未刪改本！
198	《天元五歌闡義》附《元空秘旨》(清刻原本)		
199	心眼指要(清刻原本)		
200	華氏天心正運	【清】華湛恩	
201-202	批注地理辨正再辨直解合編(上)(下)	【清】蔣大鴻原著、【清】姚銘三再註、【清】章仲山直解	失傳姚銘三玄空經典重現人間！ 名家：沈竹礽、王元極推薦！
203	章仲山注《玄機賦》《元空秘旨》附《口訣中秘訣》《因象求義》等九種合刊	【清】章仲山	近三百年來首次公開！　章仲山無常派玄空秘密，和盤托出！ 章仲山注《玄機賦》及章仲山原傳之口訣及筆記
204	章仲山門內真傳《三元九運挨星篇》《運用篇》《挨星定局篇》《口訣篇》等合刊	【清】章仲山、柯遠峰等	
205	章仲山門內真傳《大玄空秘圖訣》《天驚訣》《飛星要訣》《九星斷略》《得益錄》等合刊	【清】章仲山、冬園子等	
206	撼龍經真義	吳師青註	近代香港名家吳師青必讀經典
207	章仲山嫡傳《翻卦挨星圖》《秘鈔元空秘旨》　附《秘鈔天元五歌闡義》	【清】章仲山傳、【清】王介如輯撰	透露章仲山家傳玄空嫡傳學習次弟及關鍵不傳之秘
208	章仲山嫡傳秘鈔《秘圖》《節錄心眼指要》合刊		史上首次公開「無常派」下卦起星等挨星秘密之書
209	《談氏三元地理大玄空實驗》附《談養吾秘稿奇門占驗》	【民國】談養吾撰	了解談氏入世的易學卦德爻象思想
210	《談氏三元地理濟世淺言》附《打開一條生路》		集《地理辨正》一百零八家註解大成精華 匯巒頭及蔣氏、六法、無常、湘楚等秘本 史上最大篇幅的《地理辨正》註解
211-215	《地理辨正集註》附　《六法金鎖秘》《巒頭指迷真詮》《作法雜綴》等(1-5)	【清】尋緣居士	
216	三元大玄空地理二宅實驗(足本修正版)	【民國】尤惜陰(演本法師)、榮柏雲撰	三元玄空無常派必讀經典足本修正版

217	蔣徒呂相烈傳《幕講度針》附《元空秘斷》《陰陽法竅》《挨星作用》	【清】呂相烈	蔣大鴻門人呂相烈三元秘本三百年來首次破禁公開！
218	挨星撮要（蔣徒呂相烈傳）		
219-221	《沈氏玄空挨星圖》《沈註章仲山宅斷未定稿》《沈氏玄空學（四卷原本）》合刊（上中下）	【清】沈竹礽 等	揭開沈氏玄空挨星五行吉凶斷的變化及不同用法 章仲山宅斷未刪本、沈氏玄空學原本佚文、玄空挨星圖稿鈔本 大公開！
222	地理穿透真傳（虛白盧藏清初刻原本）	【清】張九儀	三合天星家宗師張九儀畢生地學精華結集
223-224	地理元合會通二種（上）（下）	【清】姚炳奎	分發兩家（三元、三合）之秘，會通其用詳解注羅盤（蔣盤、賴盤）；義理、斷驗俱精
其他類			
225	天運占星學 附 商業周期、股市粹言	吳師青	天星預測股市，神準經典
226	易元會運	馬翰如	《皇極經世》配卦以推演世運與國運
三式類			
227	大六壬指南（清初木刻五卷足本）		六壬學占驗課案必讀經典海內善本
228-229	甲遁真授秘集（批注本）（上）（下）	【清】薛鳳祚	明清皇家欽天監秘傳奇門遁甲
230	奇門詮正	【民國】曹仁麟	奇門、易經、皇極經世結合經典
231	大六壬探源	【民國】袁樹珊	簡易、明白、實用，無師自通！
232	遁甲釋要	【民國】徐昂	民初三大命理家袁樹珊研究六壬四十餘年代表作
233	《六壬卦課》《河洛數釋》《演玄》合刊		推衍遁甲、易學、洛書九宮大義！
234	六壬指南（【民國】黃企喬）	【民國】黃企喬	疏理六壬、河洛數、太玄隱義！
選擇類			失傳經典 大量實例
235	王元極校補天元選擇辨正	原【清】謝少暉輯、【民國】王元極校補	三元地理天星選日必讀
236	王元極選擇辨真全書 附 秘鈔風水選擇訣	【民國】王元極	王元極天昌館選擇之要旨
237	蔣大鴻嫡傳天星選擇秘書注解三種	【清】蔣大鴻編訂、【清】楊臥雲、汪云吾、劉樂山註	蔣大鴻陰陽二宅天星擇日日課案例！
238	增補選吉探源	【民國】袁樹珊	按表檢查，按圖索驥：簡易、實用！
239	《八風考略》《九宮撰略》《九宮考辨》合刊	沈瓞民	會通沈氏玄空飛星立極、配卦深義
其他類			
240	《中國原子哲學》附《易世》《易命》	馬翰如	國運、世運的推演及預言